影记沪上

1 8 4 3
....
1 9 4 9

孙孟英 ◎ 编著

大家闺秀

生活·讀書·新知 三联书店

图书在版编目(CIP)数据

大家闺秀/孙孟英编著. — 北京：生活·读书·新知三联书店，2017.8
（影记沪上：1843—1949）
ISBN 978-7-108-05982-6

Ⅰ.①大… Ⅱ.①孙… Ⅲ.①女性-名人-生平事迹-中国-民国-图集 Ⅳ.①K828.5-64

中国版本图书馆 CIP 数据核字(2017)第 168355 号

责任编辑　赵　炬　成　华
封面设计　储　平
责任印制　黄雪明
出版发行　生活·讀書·新知　三联书店
　　　　　（北京市东城区美术馆东街 22 号）
邮　　编　100010
印　　刷　常熟市人民印刷有限公司
版　　次　2017 年 8 月第 1 版
　　　　　2017 年 8 月第 1 次印刷
开　　本　650 毫米×900 毫米　1/16　印张　13
字　　数　130 千字
定　　价　28.00 元

序

从中国古时起，凡被人称作"大小姐"的女性，都应是出身达官显贵或富商巨贾之家。通常而言，只有出身名门望族的女子方能配称"大小姐"。更重要的是，"大小姐"必须要具备一定的知识、礼仪、素养，会作词吟诗及琴棋书画，懂得并掌握持家之道。这是中国传统意义上"大小姐"的标准。

到了20世纪二三十年代，出生在上海一些官僚家庭及社会名流家庭的"大小姐"又被称作"大家闺秀"，她们在接受中国传统文化及礼仪教育的同时，还接受着西方的文化、礼仪及思想教育。她们不但会读书、作诗，而且能歌善舞，会画画、会弹琴，精通英文、法文、德文等多门外语，会骑马、开车、演话剧、游泳等等。那个时代的大小姐有知识、有才能、懂艺术，而且她们最普遍的特点是有思想、有追求、有目标、有胆略，还有不怕并敢于同传统思想和习俗斗争的大胆精神。她们更勇敢，并喜欢把命运掌握在自己的手里，讨厌别人安排自己的人生，更憎恨别人为她们定好的但自己并不喜欢的终身归宿。

　　不同的追求、不同的人生轨迹，使她们最终的前途和命运也各不相同：有人幸福，有人欢快，有人悲切，有人苦难，更有人在国家与民族危亡之际选择了崇高伟大的事业而英勇就义，献出年轻美丽的生命。

　　而笔者所写的《大家闺秀》一书，主要讲述 20 世纪二三十年代那些出身上海豪门的大小姐与众不同及鲜为人知的生活经历。书中有扣人心弦、可读性强的故事，更有不少读者不曾见过的大小姐们青春美丽、楚楚动人的经典老照片。

孙孟英

2017 年 1 月

目　录

第一章

引领时尚的大家闺秀

时髦的西洋波浪式发型

华丽时尚的西洋服饰

把摩登时代定格在照片上

骑马、开车、驾驶飞机赶潮流

　　民国时期的上海是中西方文化碰撞与融合的多元化城市，中西合璧、华洋共居，充满了异国风情和海派情调。西洋时尚女郎和上海摩登女郎为申城这座被称为东方巴黎的大都市增添了浪漫与诱惑。

　　上海是中国受西方文化影响最早的开放城市，一些豪门官商在与洋人的交往接触中，不知不觉中受到他们的影响，不再被封建传统男尊女卑的思想所束缚，允许女性走出家门、走上社会。那些小姐们不再被父母关在闺阁中，也不再请私塾先生上门教授《女儿经》《千字文》，而是送到教会办的洋学堂接受西方文化教育。还有不少家庭送女孩子到西方留学，全盘接受西方文化教育。那时，中西摩登女郎只有肤色及头发上的差异，而在其他方面都是相同的。服饰华丽、骑马开车、游泳跳水、唱歌跳舞、写诗作画、走秀表演、调琴演戏、旅行拍照、品尝大餐……

　　20 世纪二三十年代的上海，人称摩登时代，而上海的摩登生活是由大家闺秀、名媛佳丽引领的。上海滩真正的大家闺秀、名媛佳丽，几乎都是出身豪门巨贾、官僚买办，皆受过高等教育。她们最大的特点是思想开放、观念新潮、敢做敢当、爱漂亮、会打扮，敢

"中长波浪式"发型

于以媚引人关注、以艳展示自我。她们是时尚与潮流的引领者，只
要西方流行什么，她们就迅速紧追潮流。

时髦的西洋波浪式发型

20 年代的上海，西洋的美发美容十分流行。大街上经常可以
见到西方女性波浪卷发披肩、脸上妆容精致，昂首挺胸地招摇过市，
引来无数双眼睛的注视，这种关注更多地是对美的倾心和羡慕。西

"高叠式"波浪发型   "大童花式"发型

方女性展示的时尚发型是艳丽的美、浓烈的美、光彩四溢的美，而从晚清民初走来的女性曾经引为时尚的发髻：螺蛳髻、扁平髻、盘辫髻、空心髻等，在西方美发的对比和冲击下显得落后了，两者不能同日而语。

20 年代的欧美流行短波浪发型。这种发型把大自然中的海浪与麦浪起伏、凹凸的优美形态设计运用到人的头发上，是理发向美发艺术的方向前进了一步。女子烫了这样的发型后，变得更加漂亮、有神韵。在上海的外国女性大都烫发，这对爱美的上海女性太有吸

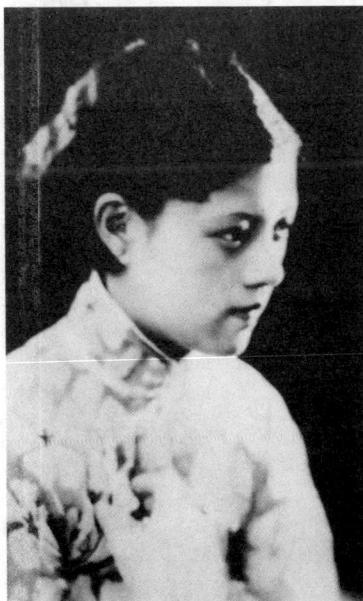

"小波浪式"发型　　　　　　　　"大波浪式"发型

第一章　引领时尚的大家闺秀

6

"波浪式"发型

大家闺秀

"中长波浪式"发型

第一章　引领时尚的大家闺秀

"中长波浪式"发型

引力了。那些大家闺秀、名媛佳丽纷纷到南京路上的高级美发厅、高档美容院烫波浪式发型，有的甚至到高档洋人美容院花大价钱烫"正宗"的西洋波浪式发型。

波浪式发型有几种，都美丽新潮、各有特色。如"小波浪发型"，就是波浪从头顶处一曲一波一浪地从上涌至两鬓，波浪与波浪之间的空间很窄，起伏密度小，这种发型的波浪形状好似水纹荡漾；"中波浪发型"，就是波浪与波浪之间起伏相距空间略大一点，波浪的浪峰宽一些，波浪的层数少于小波浪发型，但是立体感、美观度增强了，有一种起伏的美感；"大波浪发型"，就是整个发型的波浪很大，从头顶部到后下部最多只有三至四道波浪，波浪与波浪之间的空间较大，波浪的浪峰又厚又高，有一种大浪排空的气势感。

这是上海最早流行的富有艺术美感和立体美感的新潮发型。

当时上海滩的大家闺秀、名媛佳丽大都烫起波浪式发型，个个时髦漂亮，走在大街上引得路人驻足张望，是那个时代一道亮丽的风景线。当时女性烫这种发型，除了展示自身美丽之外，更是高层次、高品位身价的表露。在她们的引领下，不少电影明星、梨园名伶也都烫起了波浪式发型。

华丽时尚的西洋服饰

民国时期的女性服装基本有以下几种：一，汉族女装，即上衣下裙或上衣下裤，色调以蓝黑为主体，上衣有大襟、对襟、斜襟之分，有长短的变化，衣服的下部有直角、圆角及弧形三种，衣领和袖管有高、有矮、有宽、有窄。二，新型旗袍，曾为女性传统"国服"的圆宽旗袍在被冷落了一段时间后在西洋礼服的影响下，带有西洋设计风格元素的新款旗袍以曲线美而开始流行。三，西式紧身西装领的套装、西式套裙及连衣裙，主要特点是能展现出女性妙曼的身材曲线及胸部、臀部的性感之美。除此之外，西洋式的学生装、婚纱、晚礼服、披风、裘皮大衣、貂皮围巾、礼帽、高跟靴、手提包等也开始流行。这些西式的新颖服饰替代了中国传统服饰，展示了一种新时尚。

　　上海时尚的追求者，就是上海滩上那些大户人家中受过西洋文化教育的大小姐。她们有很强的经济基础做后盾，再加之思想开放大胆，敢于爱美和追求时髦。

　　曾有文人雅士这样写道：海上之女性引领西洋之摩登，富家之闺秀乃最先之，个个华丽装束，抹粉涂脂，妖艳无比。

　　也有人这样说道："那时的大家闺秀从小富养，接受的是西式教育，她们的生活方式和观念也比较西化，再加上她们的家庭成员中或有海归人员，或工作与生活同洋人有联系，这些都影响着她们，使她们更喜欢西式的生活方式。她们的那种穿着打扮和行为举止就

第一章　引领时尚的大家闺秀

大家闺秀

第一章　引领时尚的大家闺秀

大家闺秀

第一章　引领时尚的大家闺秀

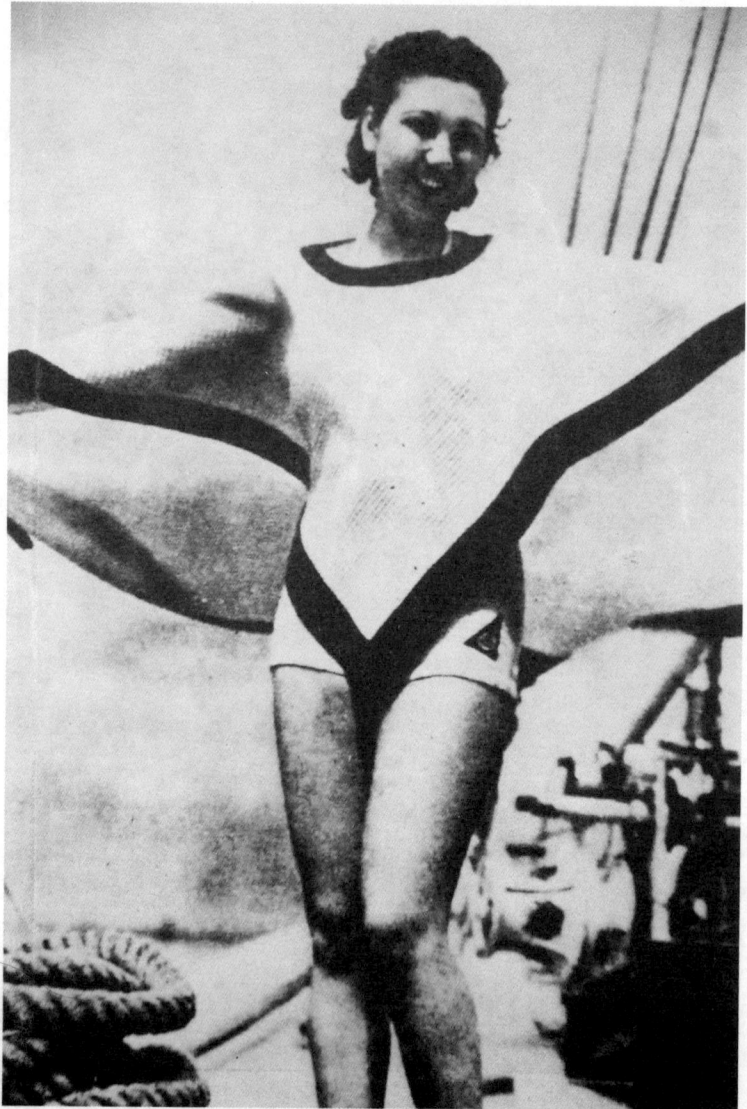

大家闺秀

大家闺秀

大家闺秀

第一章　引领时尚的大家闺秀

是漂亮、高雅、有品位，她们就是那个时代的美丽象征。"

把摩登时代定格在照片上

民国时期的大家闺秀、名媛佳丽，讲究穿戴打扮，还特别喜欢拍照，将自己的美丽倩影、漂亮容颜、窈窕身姿刊登在画报上、定格在时空中。

上海二三十年代，流行美国好莱坞美女明星照片。好莱坞电影明星拍的照片大都造型夸张、神态轻松、姿态优美，她们的照片越看越有一种迷人的韵味，所以电影明星、梨园名伶都喜欢学好莱坞明星的姿态、造型拍摄艺术照。而上海的大家闺秀是时尚潮流中的弄潮儿，只要市面上流行什么、风靡什么，她们都会在第一时间里紧跟、效仿、学习。她们不甘落后，同样抢在第一时间到照相馆拍"好莱坞"明星照，而且在造型、姿态、神韵、动作等方面有所变化与创新。

那时，上海的大家闺秀都会去照相馆拍摄一组"大明星照片"。在拍照过程中讲究造型优雅、神态自然，奔放中不失娴静，洒脱中不失矜持。当时流行拍意大利乐器曼陀铃照，不少大家闺秀到照相馆手抱曼陀铃拍弹奏姿势的艺术照。那些爱看京剧的大家闺秀，就专拍梅兰芳在京剧表演中扮演青衣时的兰花指动作，以展示优雅的东方女性娇柔之美。喜欢跳舞的大家闺秀，到照相馆专门拍一组展示自己苗条身材、优美舞姿、妩媚风韵的艺术照。

26

大家闺秀

第一章　引领时尚的大家闺秀

28

大家闺秀

那时大家闺秀拍的照片，展现出的是一种唯美和艺术感，从现在留存的照片中可以看出那个时代女性的审美观及品位。

骑马、开车、驾驶飞机赶潮流

随着欧风美雨的不断东吹飘落，接受西洋文化教育的大家闺秀不再拘谨，她们冲破了传统封建思想的羁绊，紧随西方女性的人生价值观、风向标。那时美国好莱坞美女明星都流行驾车兜风、骑马

第一章　引领时尚的大家闺秀

大家闺秀

赛马、游泳射箭，上海的一些大家闺秀也同样紧随其后，掀起了骑马赛马热、驾车兜风热。

20世纪二三十年代，上海一些有知名度的电影女明星都会骑马、开车，而不少大家闺秀也会骑马、开车。她们骑着马、开着进口的漂亮小轿车在大街上招摇过市，尽显飒爽英姿。

当时有一个大家闺秀李霞卿，不但会骑马开车，还专门到瑞士及美国的航空培训学校学习驾驶飞机。李霞卿获得驾机证之后回国，多次进行驾机表演而声名远扬。抗日战争爆发后，富有爱国精神的李霞卿专门驾驶飞机，在美洲各国进行飞行表演为中国抗日军民募捐，被外国记者誉为"飞行使者"。

第二章

邮票大王的六女儿

八姐妹中长得最漂亮的美人
被当成一位美女明星
舞会上迷倒了许多名流公子
引领时尚的摩登女郎

20 世纪 30 年代，上海滩上名流汇集、美女如云，更有各路名媛争妍斗美，引领文化、艺术、时尚的新潮流，她们不是明星却胜似明星，她们的综合能力和素养都是处于最顶端的阶层，也就成了

大家闺秀

1931 年 3 月 18 日《玲珑》杂志
创刊号上周淑蘅封面照片

周淑蘅当年拍摄的照片原件

频繁出现在报纸杂志、画报上的明星。翻开 1931 年 3 月 18 日上海创刊的精品女性读物《玲珑》杂志创刊号，封面上淡扫娥眉、略施粉黛、衣着摩登，戴着黄金叶片耳环、颈部戴珍珠项链的美女就是中国邮票大王、实业家周今觉的女儿周淑蘅。

这是周淑蘅新婚不久，作为时尚女性的代表人物被刊登在新创刊的《玲珑》杂志上，一个没有品位、社会知名度和一定身份的女性是绝不可能走上封面的。周淑蘅在上海滩名媛佳丽中的地位可想而知。

八姐妹中长得最漂亮的美人

周淑蘅是民国时期邮票大王、大实业家周今觉的六公主，而周今觉的祖父是江苏、浙江两省的总督，名叫周馥。周今觉是周馥的长房长孙，深受祖父的厚爱，这使得周今觉近水楼台先得月，占据家族财富层面的最顶端。家产殷实、资金雄厚，他成为民国早期上海滩的一代富商巨贾。生活在这样一个豪门家庭里的周淑蘅天生就是一个大小姐，过着衣食无忧、众星捧月般的幸福生活。

周淑蘅父母共生有三个儿子、八个女儿，周淑蘅是姐妹中的第六朵金花。她家八朵金花个个聪明伶俐、如花似玉，都享受着幸福快乐的人生。出门轿车接送，进门用人簇拥，在上海滩最好的女校接受最好的教育，会弹钢琴、拉小提琴，能歌善舞，画得一手好画，

1916 年在上海拍摄的全家福照片

写得一手好字，作得一手好诗，能骑马、会开车，还能做一席大菜。她们爱娱乐、懂享受，喜欢听戏、看电影，时常打网球、赛马，夏天还要去游泳。个个都受过高等教育，能讲一口流利的英语与法语，有的还能写小说并翻译作品。

周家八姐妹个个都是佳人才女，她们都曾是民国女性杂志与画报上的封面人物。

然而在周家八姐妹中，六公主周淑蘅是长得最漂亮的。她最有中国女性的古典美，被西方人称为东方美女。曾有洋人称周淑蘅为

1912年摄于上海照相馆

邮票大王周今觉夫妇

中国最美、最标准的女性。洋人的评判和审视是从长相、气质、神态、素养、举止、风韵等方面去观察的，唯有达到这些标准，才算是一个真正的美人。

周淑蘅正是符合这些标准的美人。

被当成一位美女明星

30 年代上海滩出了一位美女明星顾梅君，曾主演过《陈查礼大破隐身术》《播音台大血案》《珍珠衫》《生龙活虎》及《女性的呐喊》等多部电影，一度红遍了上海滩，成为家喻户晓、人人皆知的大明星。

顾梅君身材窈窕、亭亭玉立，特别是她的容貌长得像古代四大美女之一的王昭君：瓜子脸、樱桃嘴、鼻子挺、眸子亮而有神。因此，影迷称顾梅君为"落雁美女"。而有古典之美的周淑蘅同顾梅君相比，无论在身高、胖瘦、相貌等方面都非常相像，所以周淑蘅的朋友们有时也会戏称她"落雁美女"昭君。周淑蘅有时到商店购物，服务员见了也经常会误把她当作明星顾梅君。

2007 年 1 月，王开发现老照片时曾请老艺术家秦怡"认人"，当秦怡看到一张周淑蘅身穿西式礼服、烫着当时非常流行的"中分波浪式"发型（也被称为好莱坞明星发型）的照片时，激动地道："她就是曾经大名鼎鼎的古典美女大明星顾梅君。"而且秦怡

周淑蘅当年拍摄的照片原件

说得非常肯定，容不得一丝一毫的质疑。

舞会上迷倒了许多名流公子

周淑蘅还同民国时期有名的交际花陆小曼、唐瑛，电影明星胡蝶、阮玲玉、严月娴、黎莉莉等同时出现在《北洋画报》上，这足以说明周淑蘅在当时上海交际场的知名度和人气。

周淑蘅舞跳得特别好，有舞后之称。凡同她跳过舞或是看过她跳舞的人都会对她优美的舞姿、漂亮的装扮留下深刻印象。1935年春的一个周末，扬子饭店弹簧舞厅举办了一场舞会，舞厅老板娘——著名歌星影星姚莉邀请周淑蘅等一批上海滩名媛来参加联谊舞会，意在日后朋友们能多多关照生意。

那天晚上，许多社会名流出席了舞会，男士都西装革履，女士个个打扮得花枝招展。这是上海滩的一场上流社会富商巨贾、名流公子和闺秀佳丽的大聚会。舞会在姚莉的主持下拉开了序幕，音乐声中成双成对的倩女帅哥们缓步优雅地步入舞池翩翩起舞。舞池中红男绿女竞相争妍斗美，各展风姿。

舞会进行到一半之后，姚莉推出了整场舞会的精彩节目，由美女周淑蘅表演西班牙独舞。当周淑蘅身穿美丽优雅、时尚华贵的欧式礼服步入舞池中央时，一下吸引住了所有人的目光，她仿若一个从云间飘入凡世的仙子般光彩四射。

44

大家閨秀

第二章 邮票大王的六女儿

悦耳的音乐、优美的舞姿、娇艳的容貌、亮丽的礼服，使舞池中跳舞的周淑蘅似彩蝶飞舞，耀眼迷人，大家看得如痴如醉，仿佛置身仙境。

周淑蘅跳完独舞后，博得了在场所有舞者长时间雷鸣般的掌声。此后，周淑蘅成为舞会后半段最忙碌的"舞后"，大家争相邀请她作为舞伴跳舞，为有最靓丽美女做舞伴而欣喜欢快。曾有男宾同周淑蘅跳完一曲后这样感慨道："我同周美人跳舞时，仿佛有一种凤在飞舞又如龙在翱翔的飘飘然之感，更有一种甜滋滋的愉悦。"

凡在舞会上能邀请到周淑蘅一起跳舞的公子们，心里都感到非常地高兴，那些没有邀请到周淑蘅跳舞的男士也都为能与她同在一个舞池跳舞，能目睹她光芒四射的风采而感到不枉参加此次舞会。有一位在舞会上邀请到周淑蘅跳舞的男士激动地用《红楼梦》中的诗句道：其艳若何，霞映澄塘。其文若何，龙游曲沼。其神若何，月射寒江。远惭西施，近愧王嫱。

一场舞会，使周淑蘅出尽了风头，迷倒了舞会中众多的名流公子。

引领时尚的摩登女郎

周淑蘅非常爱美，是上海滩知名的名媛佳丽之一，是一位进步、文明、新潮并引领上海时尚潮流的先锋派女性。她思想开放，喜欢西方文明，敢于摒弃传统落后的文化陋习，以摩登时尚的穿着打扮来展示自己美丽、高贵和洒脱的精神风貌。

随着20年代末美国好莱坞电影的涌入，那些电影明星时髦、靓丽的打扮和迷人气质，深深吸引了上海上流社会的爱美女性，冲击并改变了中国女性的审美观和生活观。西洋美女的穿着打扮成为上海滩新女性学习和参照的样板。1929年12月中旬，在美国家喻户晓的电影明星——道格拉斯·范朋克和玛丽·碧克馥夫妇不远万里来到上海访问，受到了上海电影界重量级人士和许多影迷、佳丽的欢迎。玛丽主演的代表作品有《暴风雨之乡的黛丝》《肥皂泡》《驯悍记》等，在上海影迷中也很受欢迎，特别是她在电影《风骚女人》中的漂亮服饰、艳丽妆容、时髦发型留给影迷们太多的惊叹。

玛丽的到来让上海女性掀起了一股好莱坞明星热、时尚摩登热。周淑蘅是这股时尚摩登热中的弄潮儿，为此她到当时的高档理发店——华安美丽馆，烫了一个漂亮时髦的"波浪式"发型，并去照相馆拍照留影，记录下自己的美丽形象。

周淑蘅特别爱打扮，她有各类时装十多箱，参加舞会和各类典礼所要穿的礼服和晚礼服有数十件（套），而且春夏秋冬四季分清。每当买来新的礼服，她都要到当时南京路上以擅拍明星艺术照出名的沪江照相馆留下倩影。当时该照相馆的姚国荣老板是一位海归摄影大师，拍照技术非常高，上海滩上的名媛佳丽几乎都到沪江照相馆请姚老板主拍。周淑蘅的时装照、礼服照、全身照、半身照及各

大家闺秀

种造型、姿态的艺术照都出自沪江照相馆摄影大师姚国荣之手。

照片中的周淑蘅所穿的服装件件漂亮奢华、款式新颖，绝对不亚于今天新娘所穿的婚纱礼服，而且款式及品质更有胜之。这些照片也让我们现代人感受和了解了二三十年代上海滩大家闺秀的时尚品味。

第三章

上海大亨黄金荣的孙媳妇

被误认的小周璇照片
真假难辨受追捧
来自大洋彼岸的电话·
手抱曼陀铃的艺术照
前所未有的婚礼场面

被误认的小周璇照片

2007 年 1 月 16 日,上海《新民晚报》独家报道了一篇主标题为"王开摄影惊现世纪老照片"、副标题为"地下沉睡四十载,龙头爆裂见天日"的新闻。这天晚报除了头版显要位置刊登了民国大红大紫的美女电影明星胡蝶和周璇的照片外,还在该报文娱新闻第二版以整版篇幅刊登了王开老照片,并配发一篇文章。见多识广的文艺记者对部分老照片上的人物做了认定,其中有一张照片中的人物是一个高中年纪模样的美丽姑娘,她烫着短而卷曲的时尚发型,身穿一件印花短袖上衣,一双眸子炯炯有神,神态高雅,容貌美丽,尤其是她的脸型、神态、相貌非常像三四十年代的美女电影明星周璇,因而就在小美女的照片下方"非常肯定"地写下了"十七岁时的周璇"。

报纸一经发行,立即在上海及全国的读者中引起了极大反响,仿佛一石激起千层浪,大家都说照片上的小美女就是周璇,居然现在还能见到周璇小时候的玉照。报纸刊出当天那个寒冷的雨夜,笔者提着一袋老照片在晚报记者和上海电影家协会工作人员的陪同

郑瑞英

第三章　上海大亨黄金荣的孙媳妇

下，敲开了著名电影艺术家秦怡的家门。当秦怡打开纸袋取出一张张老照片时，她的双眸熠熠生辉，急切地给我们介绍民国时期的电影明星："这是张织云，民国第一个电影皇后；这是胡蝶，民国第二个电影皇后；这是白虹，民国能歌善舞的两栖大明星……"

当秦怡拿起一张姿容美丽、气质高贵、穿着高雅，年龄在十七八岁左右的女子照片时，神情激动地说道："她就是周璇，多漂亮，多大气，她最出名的电影就是《马路天使》，她唱的《天涯歌女》至今还脍炙人口，周璇是一个天才演员，也是一个天才歌手，人才不可多得啊！可是她很……"秦怡手拿周璇照片有太多的话要说，又有太多的感慨要抒发。

1月17日，上海《新民晚报》又在文娱新闻第二版以整版篇幅对王开老照片进行追踪报道，标题为：当年风花雪月见证影坛盛景，电影表演艺术家秦怡昨晚为王开老照片"认人"。报纸再次报道了王开老照片在秦怡的"认人"下，又有一批民国老明星"问世复出"，其中就有一张被秦怡指认出的"小周璇"。这张被秦怡指认的还是少女时期的周璇照片，无论从相貌、神态、脸型、气质、身材、打扮等方面都非常酷似周璇，故新闻一刊出，一些研究电影史的专家也纷纷赞同秦怡的指认，一些专门撰写民国电影故事的文人作家纷纷从网上把"周璇"照片搜索下载用在自己的书中，作为正确无误的人物插图，还明确地注上"我认识的周璇"。

真假难辨受追捧

周璇留下的照片非常多，很多因年月不同而难以辨别真假。而在王开老照片中也有多张周璇的生活照，这两张酷似周璇的照片一前一后被发现，又被《新民晚报》刊登在同一个版面上，那种巧合更使人深信她们是同一个人。因此，《新民晚报》上刊登过的两张"小周璇"照片就被"认定"为周璇的玉照。

就这样，在现今留存的周璇的照片档案中，又增加了两张"鲜为人知"的"小周璇"青春期生活照。

上海《新民晚报》的影响力真是太大了，当"王开惊现民国老照片"的新闻一刊发，全世界的大小媒体纷纷转载，美国有线电视新闻网当天就转载了这一新闻，并将这些老照片刊登在网络上。这样一来，引起了美国华人华侨的关注，纷纷打越洋电话同笔者联系，希望能在王开发现的老照片中寻找到他们祖辈及父辈的老照片。类似的电话，笔者每天应接不暇。还有不少人直接从国外飞到上海，特地为寻找祖辈的老照片而来。在众多的来访者中，有胡蝶的孙子、阮玲玉的外孙女、于立群（郭沫若妻子）的女儿等民国名人的后代。

一些来自全国各地的中国电影史研究者、电影史料收藏家、民国电影明星照的收藏家等，还有各地的档案馆工作人员、老照片收藏家及上海市图书馆工作人员都纷纷来电来访，希望能获得民国电影明星在王开拍摄的生活照。因为这些照片不是剧照，几乎不对外

刚出道时的周璇

发表，带有很强的私密性。当时有一家档案馆的工作人员和一位明星照收藏家就希望得到《新民晚报》上刊登过的两张"小周璇"生活照，来充实收藏周璇照片的品种。出于对公益文化事业的支持，笔者将晚报登载过的两张"周璇"生活照的翻拍照片，无偿地给了两位来访者。

来自大洋彼岸的电话

就在《新民晚报》刊登"王开惊现老照片"新闻的一个星期后，记得是礼拜天的晚上，笔者家里的电话铃声骤然响起。接起电话，从大洋彼岸传来熟悉的声音，对方在美国洛杉矶，是笔者近 10 年未曾联系的一位邓姓老朋友，曾在上海某出版社担任编辑。她告诉笔者："《新民晚报》上刊登的老照片，有两张注明'周璇'的照片搞错了，她不是周璇，而是 20 世纪 30 年代出身豪门的大家闺秀，曾被人称为'一枝花'，她的名字叫郑瑞英。"

随后，该邓姓老朋友从网络上发了一张同周璇长得非常相似的郑瑞英的照片。这是一张在民国时期的上海拍的照片，她穿的服装和短卷发型同《新民晚报》上刊登的照片上的人物一模一样，只是对方那张照片是黑白全身照，而晚报上的照片是着色后的彩色半身照，两者对比毫无差异，这下笔者对美国老朋友的"指证"深信不疑了。

在获得认可之后，对方开始兴趣盎然地讲述起她与郑瑞英的关

郑瑞英

系。她的讲述纠正了一个大大的误传——晚报上刊登并注明"周璇"的两张照片其实不是真正的周璇，同时明确了这位民国美女的真实身份，她是上海大亨黄金荣的孙媳妇郑瑞英。

手抱曼陀铃的艺术照

郑瑞英出身于上海一个洋买办大资本家的家庭，从小生活富裕，受到良好的教育。她博学多才，琴棋书画样样精通，还会说一口流利的英语和法语。郑瑞英在上海最好的教会女子学校读书，从小学到高中，学习成绩一直名列前茅，是学校里出名的小美女。

进入大学之后，郑瑞英是同学和老师公认的校花，她的外号是"一枝花"。她穿着高雅、打扮时髦、神态自如，无论出现在校园的哪一处，都会引来男生们羡慕和追求的目光。不少男生和年轻的海归教师都在暗恋她，用各种方式接近她，对她大献殷勤，但高傲又为人低调的郑瑞英从没有考虑过在学校里寻找如意郎君，在情感问题上是"哪管他人穷追不舍，我定依旧我行我素"。那些追求过郑瑞英的风流公子曾赞美她：脸如花容，发如春云，眼如秋波，娇美灵秀，国色天香。

郑瑞英是崇尚西方文化、引领时尚的新女性。上海滩上流行美国好莱坞电影明星的波浪式发型，她就到南京路上的华安美发厅或新新美发厅去烫新潮的流行发型。市面上流行穿带有西洋艺术风格的时尚旗袍，她就到南京路上的鸿翔时装公司量身定做。

郑瑞英拍摄流行的曼陀铃艺术照

30 年代，美国好莱坞女明星手抱一把曼陀铃（Mandolin）拍照成为时髦的标准样板，抱着曼陀铃拍照不仅很有美感，还能展现自身的艺术风采，所以这种艺术照成为一种时尚潮流。时髦女性都有数张手抱曼陀铃的艺术照。

郑瑞英 20 岁生日那天，在南京路沪江照相馆拍摄了那张手抱曼陀铃的艺术照，非常漂亮，很有西汉美女王昭君手抱琵琶出塞时的娇美之态，这是郑瑞英留下的最美的青春记忆。

前所未有的婚礼场面

郑瑞英的姐姐是上海大亨杜月笙的儿媳，郑瑞英是杜家的座上宾。杜月笙非常喜欢她，把她当作亲生女儿一样来对待。郑瑞英漂亮、聪明、嘴甜、懂礼貌，而且为人低调，上得了厅堂，下得了厨房，能弹一手好钢琴，又能烧出一桌品种多样的丰盛酒席。她与其他豪门家庭出身的娇滴滴的大小姐不一样。

常言道，好马配好鞍，好女嫁好男。大亨杜月笙开始为郑瑞英操心起了婚事。一个人的终身大事，非同儿戏，如同是女孩子第二次生命，必须慎之又慎。为此，杜月笙对他所了解的那些大户人家的家境、适龄男子品行才华做了一番筛选之后，选定了同为上海滩大亨的黄金荣的孙子黄起予。

黄起予英俊潇洒，是黄金荣的大儿子黄均培与媳妇李志清领养的儿子。成年后，他主要在黄家自己开办的证券交易所主持证券交

郑瑞英婚礼上的折子戏表演

易，很有经济头脑，为人大方又聪明能干。人品好，有能力，脾气也非常好，杜月笙认为把郑瑞英嫁给黄起予是最好的选择。

上海大亨杜月笙亲自出面为黄郑两家做媒，这在当时是天大的面子啊！两个门当户对、郎才女貌的有情人终于结成连理，那真是天底下最好的姻缘。黄起予和郑瑞英这对有共同理想和爱好的情侣经过一番花前月下的卿卿我我，爱情之花早已绽开怒放，彼此也难舍难分。1939 年春，黄起予和郑瑞英举行了上海开埠以来最隆重的、规模盛大的婚礼，其规模超过了 1907 年清朝慈禧太后的女秘书、女外交官裕德龄同美国驻沪领事馆副领事怀特的那场世纪婚礼。

郑瑞英婚礼上的京剧表演

第三章　上海大亨黄金荣的孙媳妇

郑瑞英婚礼上的戏曲表演

婚礼当天，黄金荣把南京路上装潢一新的新新美发厅包下，专门为自己的亲戚朋友美发美容，而"大世界"被用来作为举办婚礼的场所。黄金荣请来上海最知名大酒店的近100位厨师和配菜师，汇聚在大世界的每一楼层。大红喜字贴满门窗走道的玻璃和墙上，红绸彩扎挂满大堂，喜庆的气氛浓烈热闹。

婚礼酒席大摆600桌，席上全鸡全鸭、猪蹄等大菜一应俱全。鼎沸的人声、道喜的祝贺声、热烈的碰杯声，仿佛交织成了一部很有特色的婚礼进行曲。婚礼酒席间，每个楼面有各个剧种的戏班轮流开演，京剧、沪剧、越剧等唱腔在每一个楼面上回荡，充满了隆重而又热闹的喜庆气氛。

飞觞醉月，觥筹交错，酒香四溢，那气势、那场景可以说无与伦比。当时曾有人对这场婚礼的规模下了定论，那就是八个字：前无有之，后无超之。大家认为，如此规模盛大的婚礼场面，上海以前没有，以后也不会再有人超过了。

1952年，郑瑞英跟随丈夫黄起予去了香港，后又赴美国定居，如今夫妇俩已是90多岁高龄的老人了。

第四章

美女画家的精彩人生

她是我妈妈，不是阮玲玉
我和美女画家的缘分
出身豪门　生活幸福
注重时尚　紧跟潮流
开车骑马　享受生活
国内外画展赢声誉

2007 年 1 月 16 日,《新民晚报》披露"王开照相馆档案室因水管爆裂抢救档案发现一批 20 ～ 40 年代民国老照片"的新闻一经刊出,犹如一声惊雷把尘封和沉睡了数十年的民国名人"唤醒"了,在被发现的数以千计的民国老照片中,一张被误以为是明星阮玲玉的照片,让一个一度无人知晓和被人遗忘的重量级人物——民国美女画家关紫兰——"芙蓉出水,重见天日"。

她是我妈妈,不是阮玲玉

关紫兰,今天的青年男女几乎无人知晓,就是上了一定年纪的人几乎也把这位名噪一时的美女画家给淡忘了。解放后的关紫兰是一位普通的美术教师,而熟悉她的那些学生也只知道关紫兰有不错的油画功底。一个纯粹为艺术而作画的画家在新的时代环境中,住闹市中离群索居而淡出画坛。

远离画坛的关紫兰变成了一个普通的家庭主妇,每天的工作就是到菜场买菜,回家后洗菜、淘米烧饭,日复一日,全然是一个为活着而沽着的胸无志向的平庸之人。然而,人们从关紫兰的那种与

68

大家闺秀　关紫兰

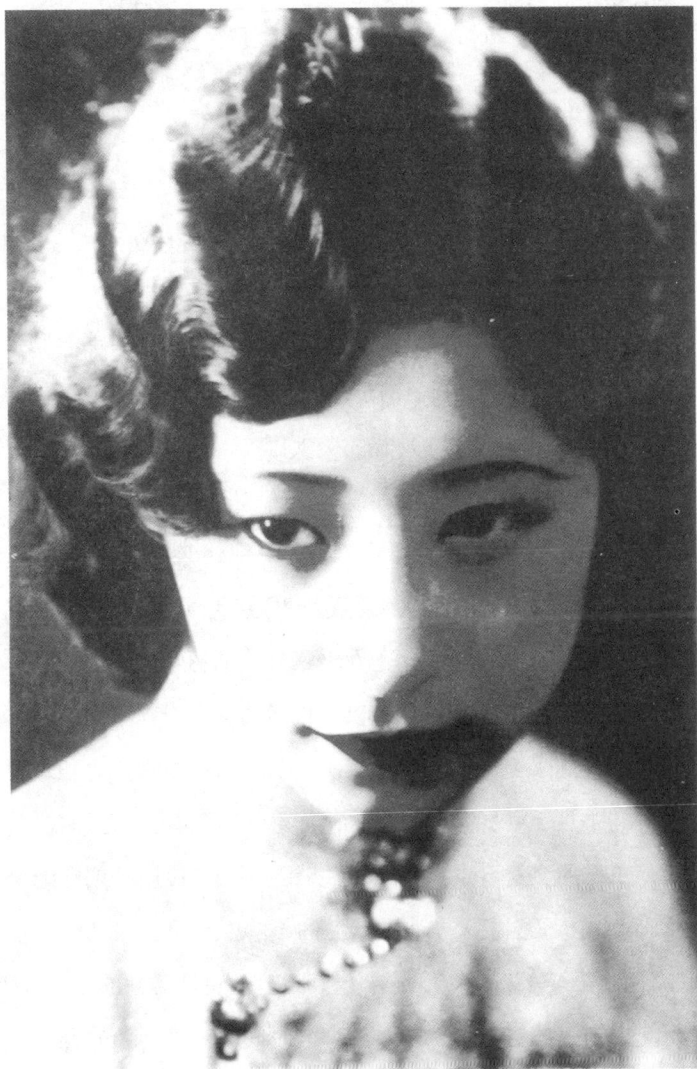

关紫兰烫了波浪发型留影

生俱来的高贵气质和高雅举止中，可以窥见她曾有过的良好教养和豪门出身背景，特别是老年关紫兰的神情中自然流露出的洒脱心态与大气举止，更让人感受到她曾经的不凡。

关紫兰从不对女儿讲述其过去的辉煌历史和不凡经历，而是默默无闻地生活着，把一切的辉煌与荣耀封存在流逝的岁月里，消失在时代的轨迹中。

原来，关紫兰是民国时期一位非常有名、红极一时的海归美女西洋画画家，她的玉照与画作屡屡出现在 20 世纪三四十年代的报纸杂志上，是那个时代家喻户晓的美女画家，她的美与知名度曾不亚于当年红遍全国的电影明星胡蝶、阮玲玉、徐来、周璇等人，被誉为海上大美女与才女。

关紫兰的女儿梁雅雯是从《新民晚报》上看到自己母亲照片的，当时她的心情非常激动，而让梁女士感到遗憾的是报纸上的照片介绍把她母亲误认为是阮玲玉。所以见报后的第二天，梁女士就来到王开照相馆找到了笔者，讲明了情况。而《新民晚报》得知这一消息之后，在 1 月 20 日的新闻报道中登载了一篇题为"这是我妈妈，不是阮玲玉"的文章，重点介绍了关紫兰这位在民国时期红遍全国的美女画家，并又配发了一张关紫兰的美丽玉照。

《新民晚报》登载了关紫兰的又一张玉照，讲述了她的生平故事，再次引起全国媒体对关紫兰的关注。一时间，对关紫兰的介绍铺天盖地，只要一打开电脑搜索关紫兰三个字，就会看到许多有关美女

第四章　美女画家的精彩人生

画家的故事。关紫兰一夜之间进入千家万户，人人皆知。关紫兰的每一幅油画的价格也迅速攀升，起拍价就超过 200 万元，可谓身价百倍。

我和美女画家的缘分

让这位美女画家关紫兰"再次复出"者，就是时任王开摄影有限公司业务总经理的笔者。笔者在对王开档案资料进行清理工作时发现了一大批老照片，其中就有关紫兰在 20 ~ 40 年代的美丽玉照，而有关故事也就由此引出。

笔者出生已晚，与美女画家关紫兰非亲非故，虽然对她的故事早有耳闻，但从未谋面，只闻其名，不见其人。后来在与老理发师、老摄影师的交谈中，才对她过去的生活有所了解。

记得是 20 世纪 80 年代初，上海商界掀起了恢复和振兴老字号企业的热潮，各行各业都开始组织整理名店名人的辉煌历史与发展经历。笔者参与编写《黄浦区服务志》及《黄浦区商业志》，为了写好老字号企业的历史和行业发展演变，在去上海图书馆、上海档案馆、上海市公安局档案馆等查阅大量历史档案的同时，还专门采访当时年事已高但还健在的那些老字号企业的老板及职工，从而获得不少非常有价值的口述资料，这些"活资料"是档案文字资料中永远寻找不到的"写实史记"，非常珍贵。

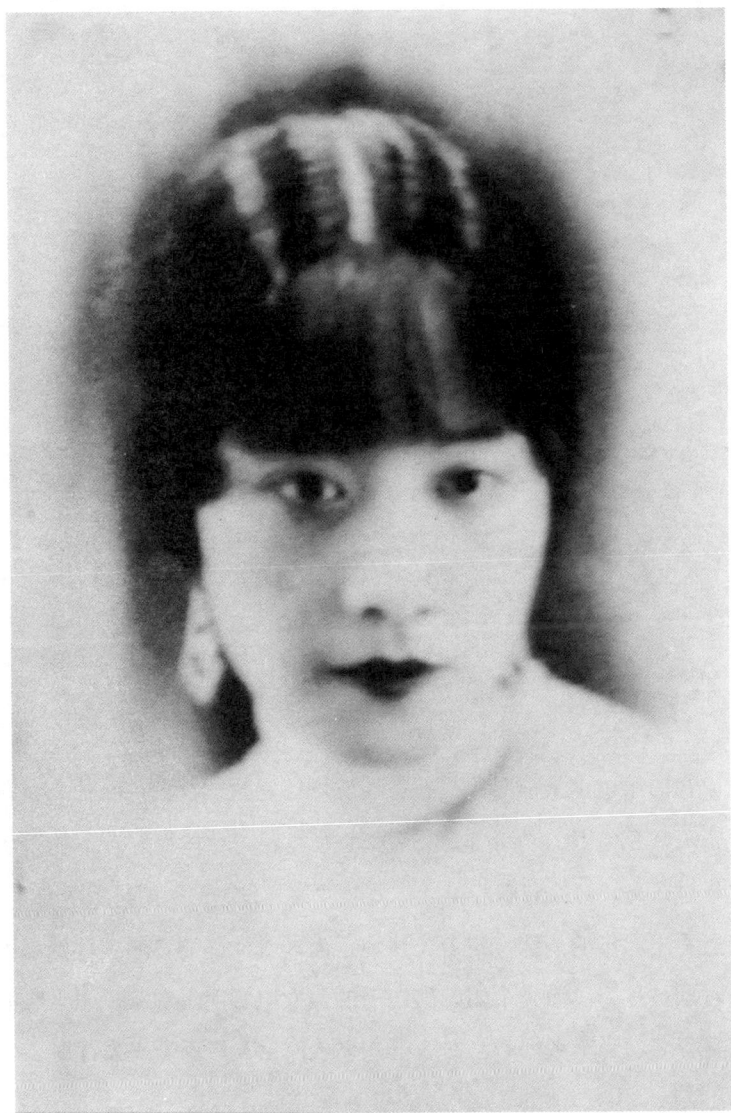

第四章　美女画家的精彩人生

　　我的第一个采访对象是新新美发厅的老板胡汉民，家住北京路一幢石库门一楼，当年他已85岁，人瘦长，身体很好，他的妻子也年过八旬，但涂着胭脂口红，烫着波浪式发型，一副时髦的打扮，仍能看出当年的韵味，说着一口纯正而非常清脆的普通话。她是民国时期被称为"漂亮十姐妹"之一的美女电影明星周某，同当时的蓝苹齐名。当笔者问起当时有哪些名人时常光顾新新美发厅时，老板胡汉民吞吞吐吐，因为有些是民国时期的名人。而他的妻子发话了，她告诉笔者，当时经常到新新美发厅的电影明星有胡蝶、徐来、唐瑛、黎莉莉、陶金等，还有当时非常走红的从国外归来的美女画家关紫兰，她也是新新美发厅的常客。

这时，老板胡汉民接过妻子的话头用一口广东上海话说道：那时的新新美发厅主要是为有钱的大老板、贵夫人、大小姐服务。美女画家关紫兰和我是同乡，都是广东南海人，她的发型还在我们新新美发厅出样，挂在大堂墙上呢！我们很熟，她在先施公司3楼办画展时，我还去捧场呢。关紫兰长得很漂亮，家里也很富有，名气在当时非常响。

这是笔者第一次听到关紫兰的名字及她的有关情况。

第二次是笔者亲眼所见的老年关紫兰的形象。当时笔者正好在南京路新新美发厅，只见有位70多岁，打扮得干干净净、气度不凡的老太太走进新新美发厅。她一上2楼女子烫发部，就有几个已退休留用的特级美发大师同她招手。从他们那里得知老太太以前很有名，是一位美女画家，名叫关紫兰。这是笔者第一次也是唯一一次见到关紫兰。

第三次是在1986年，笔者当时在王开照相馆写店志时采访了多名健在的老摄影师，都提到了除为电影明星拍照外，还为美女画家关紫兰拍照，并说她的照片也曾在沪江照相馆和王开照相馆的橱窗中出样陈列过。

这是我几十年中耳闻目睹的美女画家关紫兰大名及一些情况，

但她的名字始终在我的记忆中没有抹去，总想为她揭开神秘的面纱——打开尘封 70 余年的记忆，复活一代美女画家的真实面貌。

出身豪门 生活幸福

关紫兰 1903 年春出生于上海，祖籍广东南海。她是父母的独生女，喜欢文化和艺术的关紫兰父母，为了使女儿日后从事文化与艺术事业，过无忧无虑、平平安安的生活，故取名关紫兰。"紫"字，其一，即有紫气东来之意，预示女儿一生平安吉祥；其二，是色彩之意，绘画离不开赤、橙、黄、绿、青、蓝、紫这 7 种色彩元素，而由红与蓝综合在一起的颜色为紫色，包含着父母希望女儿长大后能当画家的心意。"兰"字，预示和希望女儿长得像春天的兰花般艳丽高洁、容貌如花、风韵高雅。古诗《咏幽兰》这样写道：婀娜花姿碧叶长，风来难隐谷中香。不因纫取堪为佩，纵使无人亦自芳。

关紫兰的父母希望女儿健康、平安、漂亮、高雅、富裕。更希望她既出人头地，又能在与世无争中过平安幸福的生活。父母视她为掌上明珠，有求必应，百依百顺，关紫兰从小到大一直养尊处优，在父母的宠爱下无忧无虑地生活。

关紫兰确实是一个与众不同的人，从小文静、聪明、好学，而且特别喜欢绘画，时常跟着父母学画。关紫兰的父亲关康爱是上海滩上有名的纺织业巨头，时常自己绘图印在布匹上，有很强的绘画功底。关紫兰继承了父母的艺术基因，从小耳濡目染，再加上天资

高中时期的关紫兰

第四章　美女画家的精彩人生

聪颖，10 岁时就考入了上海神州女校图画专科班，并成为班里的优等生、老师眼里的好学生。关紫兰在学校里所画的每一幅画，都被老师拿到讲台上作为最佳作品给予点评和展示，同学和老师都看好关紫兰，认为她将来在中国画坛上必定前途无量。

父母还为她请来了优秀的家庭教师。家庭教师定期上门指导，悟性很高的关紫兰一学就会。美术老师对关紫兰的评价是：天才女孩，很少见到如此小才女，将来前途无量，必成大器，乃国家之栋梁。而日后的事实和结果也证实了这位家庭美术老师的预言。1923年，关紫兰以优异的成绩考入了上海中华艺术大学。

进入大学后的关紫兰，在学习和探索油画艺术理论与实践方面全面升华、突飞猛进。她所创作的每一幅油画，都具有很强的艺术美感和创新思维，在同学和老师的眼里是一个出类拔萃的佼佼者，同时也是一个善良可爱美丽的大才女。

人们常说：天赋加聪明、刻苦加努力就等于成功。大学期间的关紫兰就是凭借着天赋并刻苦钻研油画艺术，才取得了长足的进步，才会画出精品作品，使人打心眼里对她佩服和称羡不已。1927 年 6 月，关紫兰所读的中华艺术大学举办美术展览，关紫兰所画的一幅取名《幽闲》的油画作品在展览上脱颖而出，仿佛春天里的兰花一枝独秀，独领风骚。当时《良友》杂志第 17 期还刊登了她的这幅作品，并在作品旁边配发了一张关紫兰的照片，照片中关紫兰手托着下巴，笑容恬静，姿态娴雅，照片下面写"本届优等毕业生"小字作为介绍。

第四章 美女画家的精彩人生

上海《良友》杂志封面上的关紫兰

手抱曼陀铃照片

这是关紫兰学生时期的第一次"出名",也是她的美丽容貌首次在媒体上亮相。

注重时尚 紧跟潮流

关紫兰爱好广泛,从小喜欢弹钢琴、拉小提琴及唱歌跳舞。她的父母给她请了最好的老师上门辅导,并不惜一掷千金,为的是"名师出高徒"。故而关紫兰在大学时代就是学校的文艺骨干,舞台上不可替代的主角。关紫兰每次在学校的文艺演出上都会弹奏乐曲或唱歌跳舞,她的一招一式、一唱一跳、一扭身一弯腰都堪称完美无缺。特别是关紫兰美丽迷人的容貌、婀娜多姿的舞步、舒缓优美的歌声、楚楚动人的表演深深打动了台下师生的情感,大家不时为她鼓掌欢呼。

关紫兰爱美,讲究生活的品质和格调,时时处处都很注重品味和漂亮,上海滩上流行什么发型和服装,只要她认为是美的并有品位的东西,她就会追随和紧跟,然后再超越。

当时美国好莱坞电影开始在上海放映,美丽的好莱坞女明星在银幕上展现的漂亮发型、时尚服装,吸引了那些爱美的新女性。那时,上海流行好莱坞美女电影明星的发型,这种发型很美,像大海起伏的波浪,又像被吹拂过的麦浪,一起一伏,当时叫作"水纹式"发型和"麦端式"发型,不久被统一叫作"波浪式"发型,也有人称此发型为"西式"发型。

第四章　美女画家的精彩人生

波浪式发型首先在租界内的西洋女性中流行，她们梳着波浪式发型招摇过市，非常引人关注，于是上海滩上的一些时尚女性也随之紧跟潮流。当时只有南京路上的新新美发厅和华安美丽馆（今天的华安美发厅）才会烫这种西式"波浪式"发型，而且价格非常昂贵。关紫兰就到南京路的新新美发厅烫了一个"三七开波浪式"发型，发型烫得非常漂亮，一道道大大小小的波浪起起伏伏，从头顶部一直排列到发梢。烫了这种美丽、时尚的发型，关紫兰变得更加美艳迷人。

为了把美丽永久地留下，关紫兰专门到永安百货买了西式的貂皮领长大衣，随后到南京路上的沪江照相馆拍了一套艺术照。照片拍得非常成功，把大学时代关紫兰优雅的气质、高贵的风姿、美丽的倩影、娇俏的打扮展现得淋漓尽致。沪江照相馆老板姚国荣还专门把她的照片陈列在橱窗里展示，吸引了许多喜欢拍照者驻足观望，也为照相馆带来了不少生意。此后，关紫兰就成了沪江照相馆的常客，也成了老板姚国荣的好朋友。

开车骑马 享受生活

关紫兰在生活中还学会了两种"技能"——骑马和驾驶小轿车，这在当时是不可想象的，谁会相信呢？女子骑马开车成何体统！那是会受到非议的。

然而，关紫兰就是这样快乐地生活着。关紫兰的父亲是一位业余骑士，在上海做生意时结交了不少洋人，每个周末都会相约到郊外骑马游玩。洋人到郊外骑马都是携妻挈子，所以关紫兰的父亲也带着女儿到郊外马场骑马娱乐。他每次都要抱着女儿坐在马鞍上跑马或遛马，有时独自让关紫兰骑在马上由父亲牵着缰绳走。久而久之，关紫兰适应了骑马、爱上了骑马，胆子也由此增大，不知不觉中成了一个优秀的女骑士。

关紫兰的驾驶水平也非常高。关紫兰家里很早就有一辆英国进口的奥斯汀小轿车，平时她父亲上班和外出都由专门的驾驶员开车，星期天休息时陪女儿关紫兰兜风就由父亲开，时不时地还教关紫兰驾驶技术，天长日久，聪明的关紫兰也就在不知不觉中掌握了开车的本领。关紫兰学会开车后，就经常在星期天约同学到郊外野餐或采风写生，她为人爽朗、大方，很得同学和老师的关爱，班里不少男生更是对她爱慕有加，但是关紫兰从未看中过一个男生。她不愿过早恋爱，更不愿结婚成家、生儿育女，而是希望在事业的道路上有所突破、有所成就。

国内外画展赢声誉

成为一个出类拔萃的油画家，这是关紫兰的一个强烈愿望。为了全面提高自身水平，关紫兰打算走出国门到国外留学进修，开阔视野，广见世面。

1927 年 6 月，大学毕业后的关紫兰在拓展油画艺术的征途上扬

关紫兰与中日画家在一起合影

关紫兰在展馆门前与各界朋友合影

关紫兰油画作品

帆远航，东渡扶桑进入日本东京文化学院美术部深造。关紫兰一到日本就全身心地投入到了学业之中，她勤奋刻苦，一边学习一边自己搞创作，把所有的课余时间几乎都用在学习和创作中，一幅幅自然逼真、惟妙惟肖的作品在她勤奋而有灵气的画笔下诞生问世。关紫兰在父母强大的经济实力的资助下，于同年8月下旬在日本神户大胆地举办了她艺术道路上的第一个画展。

画展开幕当天上午，许多日本油画界同仁来到了展览会馆，纷纷向关紫兰表示祝贺。日本同行在关紫兰的每一幅油画前都仔细

关紫兰在不同时期创作的部分油画作品

大家闺秀

关紫兰在不同时期创作的部分油画作品

大家闺秀

关紫兰在不同时期创
作的部分油画作品

关紫兰油画作品

关紫兰在不同时期创作的部分油画作品

关紫兰油画作品

地进行了品味和欣赏，临别前都对关紫兰的油画作品给予了高度
评价，认为她的作品基础扎实、功底深厚、构思独特、富有新意，
关紫兰是一个不可多得的人才。

　　人也美，画也美。这是日本同行在参观完关紫兰画展后异口同
声发出的赞叹。日本邮政还专门把关紫兰所创作的一幅油画作品《水
仙花》设计制成明信片在全日本发行。这对一个从中国来到日本留
学不久的学生来说，是一件多么不容易的事情，这是中国留学生的
荣耀。

关紫兰创作的油画作品

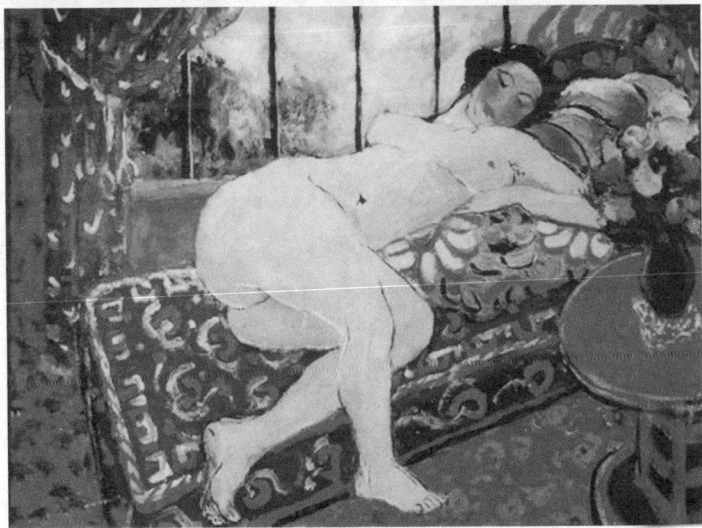

关紫兰创作的油画作品

第四章　美女画家的精彩人生

　　1930 年夏，关紫兰学成归国回到了上海。一个女子出国留学，在那个男尊女卑的时代和社会里，确属"新闻"和"奇事"，当时的《良友》杂志在同年的第 8 期和第 10 期还对她做了重点介绍，也有不少媒体报道和介绍关紫兰留洋归来的消息。回国后的关紫兰一边在上海艺术专科学校任教，一边又马不停蹄地进行油画创作，技艺日臻成熟。

　　1931 年夏，关紫兰一掷千金租下了静安寺路（今南京西路）上的华安人寿保险公司 8 楼，举办"关紫兰油画作品夏季展览"。开幕当天，民国政府要员宋子文先生光临捧场，参观者更是络绎不绝，对关紫兰的油画作品大加赞美，许多媒体对展览做了介绍，称关紫兰为"中国闺秀画家"。此后，关紫兰相继在大兴公司 4 楼、先施公司 3 楼等场所举办过多次个人画展，她的不少作品还被选送到欧美各国巡展，国外不少媒体也对关紫兰做了介绍，称她为中国最优秀的美女油画家。

　　进入 20 世纪 50 年代末，由于家庭及各种社会因素发生了变化，关紫兰很少画画，她的主业就是承担家务。但关紫兰对生活还是充满乐观主义精神，时不时地要到南京路德大咖啡馆或东海西餐社吃西餐或喝咖啡。80 年代，年迈的关紫兰还时常到美发厅烫发，外出也要喷洒香水，依旧讲究生活的质量与品位。

　　1985 年 6 月 30 日，关紫兰逝世，传奇人生由此谢幕。

第五章

豪门大小姐的悲剧一生

从天堂跌入地狱的生活
大家闺秀成了悲剧女明星
孤身拼搏 凄凉一生

　　20 世纪 20 年代，上海出现了第一位被同行称为"电影明星"的女演员王汉伦。她是明星影片公司的当家悲剧演员，也被称为上海滩上的"早期悲剧明星"，曾是上海无声电影时代的红明星。从 1924 年起，王汉伦出演了《玉梨魂》《苦儿弱女》《弃妇》《摘星之女》《春闺梦里人》《一个小工人》《电影女明星》《空门贤媳》及《好寡妇》等 10 余部电影，被誉为"中国第一代悲剧女明星"而红极一时。

从天堂跌入地狱的生活

　　王汉伦 1903 年出生在江苏省苏州市的一个大户家庭，原名彭琴士，祖辈曾出过两名状元。王汉伦从小生活在父母的关爱和呵护之中，被视为掌上明珠，读小学时就有专人开车接送其上下学，还专门为她请来洋人家庭教师，单独教授钢琴和英语。父母外出走亲访友，也总是把王汉伦带上，希望她从小见多识广、了解社会，懂得人情世故、学会做人，将来长大后能在社会上立身，成为一个能自食其力和对社会有用的人。

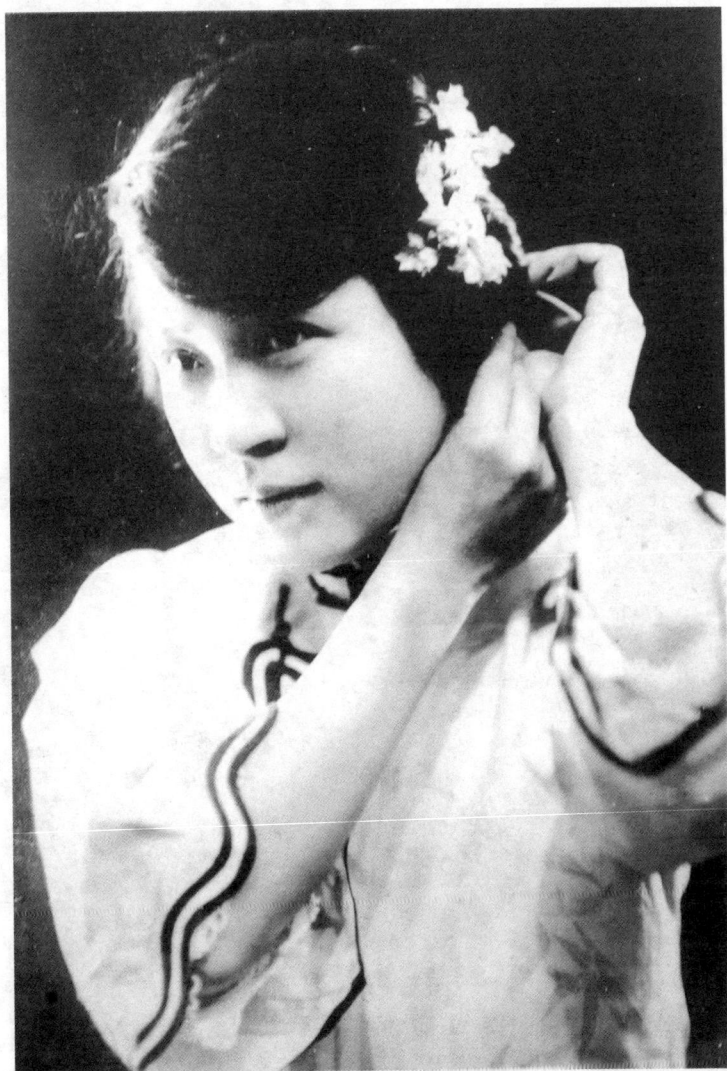

王汉伦

第五章　豪门大小姐的悲剧一生

第五章　豪门大小姐的悲剧一生

大家闺秀

　　王汉伦的父母虽然宠爱女儿，但同时也教育女儿学习生活的本领，从 14 岁起，父母就开始教王汉伦学习骑马、开车、英文打字、烧饭煮菜、洗衣洗碗。不久母亲去世，王汉伦挑起了母亲的担子，掌管家庭生活之事，这使父亲非常欣慰，也更加心疼她。1918 年，15 岁的王汉伦已长得亭亭玉立、美如仙女，父亲为了让女儿得到更好的教育，将来能有更好的前途，就把王汉伦送进上海圣玛利女校。这是上海的一所贵族学校，只有大户人家的女子才能进，王汉伦在这里又开始了新的学习生活。王汉伦在学校读书时，成绩一直名列前茅，尤其英语成绩最为突出，每次考试总是班里第一名，还担任了英语课代表。

　　然而，正当王汉伦沉浸在幸福欢快的学生生活时，家中传来噩耗，她的父亲突发疾病亡故了。家庭的变故，使平时生活无忧无虑、养尊处优的王汉伦的人生命运一下出现了大逆转。可恨可憎的兄嫂视她为"眼中钉"，逼着她辍学远嫁东北一个煤矿督办为妻，16 岁的王汉伦、父母的掌上明珠不得不流泪离开上海，去了她不愿去的遥远而陌生的北方。由于性格差异及南北文化与生活习惯的不同，再加之丈夫的不忠与品行不端，王汉伦无法忍受下去，毅然决然地离婚逃出了地狱般的家庭。

　　但是，王汉伦的兄嫂对她的离婚很不满，不让她进家门，无助的王汉伦只好借住干妈家里。为了生存她去虹口一家小学里任教员，可是报酬很低难以维持生计。后来，她利用自己懂英语这一优势，在四明洋行谋得了一份能养活自己的打字员工作。

大家闺秀成了悲剧女明星

王汉伦——一位大小姐在无情哥嫂的逼迫下，过着穷苦的生活。但是，人的命运有时在冥冥之中也会出现转机和变化。

说来也巧，洋行里一位姓任的同事见王汉伦年轻貌美、肌肤白嫩、身材窈窕，就推荐她去拍电影。而当时明星影片公司准备筹拍电影《孤儿救祖记》，需要寻找一个女演员，当导演张石川见到王汉伦时，不由眼睛一亮，他心目中的女演员就是王汉伦这样漂亮文静的女性。经过一番试镜和演示之后，张石川非常满意。虽然王汉伦从来没有学过表演，但她天赋好、有悟性，一招一式略经导演指点就能基本到位，确实是一块当演员的料。

为此，张石川导演同王汉伦签订了正式合同，片酬为500元，每月拿20元津贴。

于是她辞掉工作当起了演员，却又遭到了兄嫂的极力反对，认为"状元府第"连戏子进门都不让坐高板凳，竟然家里有人当戏子，这真是败坏门庭、有辱祖宗。面对家人的反对，王汉伦不得不和兄嫂脱离关系，又因自己属虎，虎是林中之王，林中之王有何畏惧，故把自己的原名彭琴士改成了"王汉伦"（汉伦有洋名之意）。由此，王汉伦在导演的帮助下首拍电影《孤儿救祖记》，她在影片中扮演富翁的儿媳余蔚如，一个怀孕时丧夫的寡妇，在快将临产时因被

丈夫堂弟污告不守妇道而被发怒的公爹赶出门，在无依无靠的外面生下孩子，在艰难困苦中抚养孩子。10 年后，余蔚如在一次不期而遇中撞见丈夫的堂弟为霸占家产欲杀其公爹，余蔚如挺身而出，奋力相救，终于感动了公爹，令其后悔当初轻信谗言，从此一家人重新团聚。

　　由于王汉伦在影片中演得真切、动情，打动了观众，使影片大为轰动、好评如潮，王汉伦也一鸣惊人，一下子成了上海滩家喻户晓的第一位电影女明星。

孤身拼搏 凄凉一生

王汉伦一举成名后，片约不断，先后又为明星公司拍摄了《玉梨魂》《苦儿弱女》及《一个小工人》3 部电影，而且部部叫好，她为公司老板赚了万贯家财，而自己依旧每月只拿 20 元津贴。此后，长城公司以高薪聘请王汉伦拍片，先后拍了《弃妇》《摘星之女》《春闺梦里人》等多部悲情电影，都非常卖座，王汉伦却没有得到应得的高薪。她为老板赚来了洋房和轿车，但自己一无所有，对此，王汉伦心有不甘，于是就独自组建电影公司，取名汉伦影片公司。

1929 年，王汉伦的汉伦影片公司开创后所拍的第一部电影《盲目的爱情》，也是一部爱情悲情剧。讲述两个大学男生同时爱上了一个美丽的名叫王幽兰的女伶，而女伶只爱其中一个名叫汝南的男生，由此演绎出一幕幕催人泪下的爱恨交加的情感悲剧。电影拍成后，王汉伦凭借自身的知名度与影迷对她的狂热四处巡演，远至东北、广州等地，并在每次电影放映前的间隙上台同观众见面互动，引起了一波又一波的"汉伦热"，吸引了全国各地及海外片商纷纷到上海购买拷贝，王汉伦由此赚得了一笔丰厚收入。

1930 年，王汉伦急流勇退告别影坛，转行师从法国美容博士理查德先生研究美容术，并在今天的淮海路上开设了汉伦美容院，独自惨淡经营了 3 年后经人介绍到杭州与一个家境殷实的王姓男子结

第五章　豪门大小姐的悲剧一生

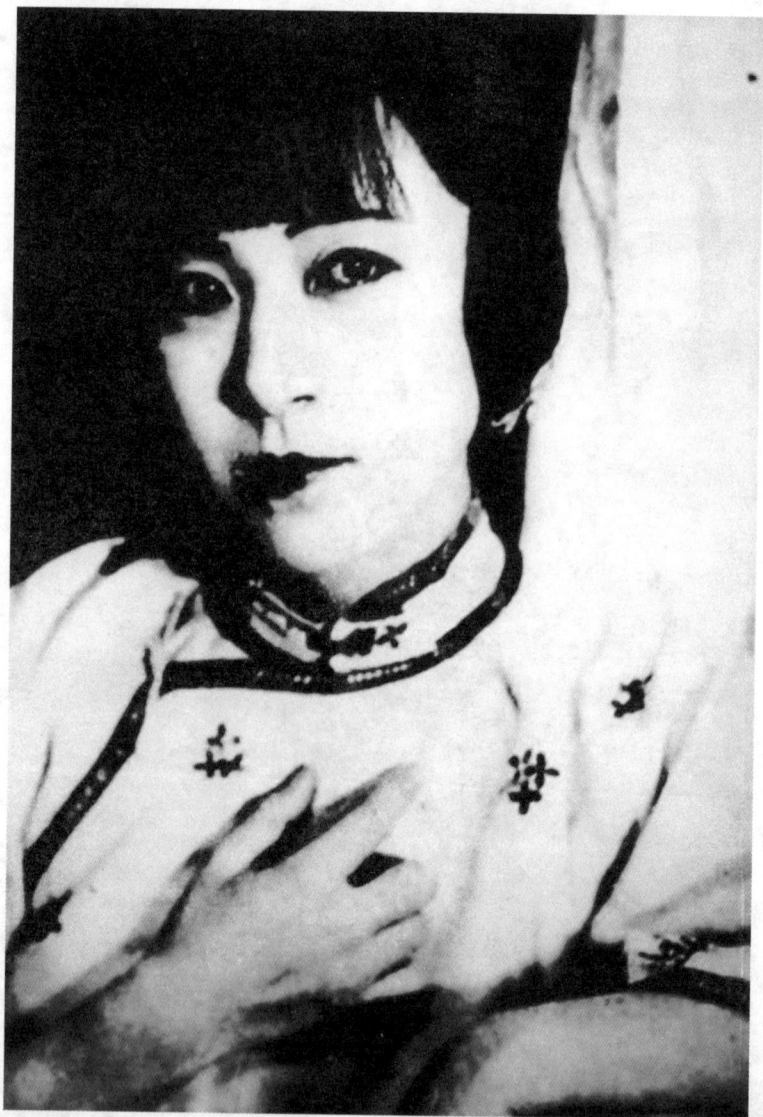

大家闺秀

第五章 豪门大小姐的悲剧一生

婚，婚后王汉伦发现自己与丈夫在习惯及文化、价值观方面都有很
大不同，生活在一起很痛苦。无奈之下，王汉伦只能离婚回沪，此
时的王汉伦身无分文、贫困潦倒，特别是遭受两次失败的婚姻，从
此王汉伦不再思嫁。

解放后，王汉伦又参与拍摄了《武训传》《鲁班的传说》及《热
浪奔腾》3 部电影，之后由于所拍的电影都是"革命化的激情"剧，
擅演悲情剧的王汉伦已跟不上"形势"而息影。

晚年时的王汉伦与猫为伴，1978 年 8 月 17 日，中国第一位悲
剧（女）明星王汉伦孤身一人在居室里走完了她人生的 75 个春秋。

第六章

双胞胎大小姐的悲凉命运

老照片中的美女是谁

出身大户人家的千金小姐

父亲东山再起的牺牲品

红颜薄命空余恨

　　出身豪门的大家闺秀，绝大多数是父母的掌上明珠，无忧无虑，成年后嫁个如意郎君，同样享受幸福生活。但是，也有一些人因家庭变故成为牺牲品。

老照片中的美女是谁

　　这是一张发黄的 7 寸大小的老照片，是上海王开摄影公司老照片中的一张，当时被作为新闻刊登在一家知名媒体上。不少人见了老照片上这位非常时尚富贵的年轻美女，都纷纷猜测，有人认为照片上的这位美女是某名家的夫人、一位著名的美女演员，并引来电影行家的关注。

　　照片上的女子太美丽了，无论神态、打扮、气质、坐姿、表情、身材，尤其是那张鹅蛋形的脸庞、乌黑发亮而又水汪汪的大眼睛、尖挺而又高高的鼻子让任何人见了都会怦然心动，仿若从云端飘落凡间的仙子！

　　这张照片上的女子真的很美，曾有老一辈电影名人也认定照片上的美女就是三四十年代的某个电影演员，那些上海的电影研究专

家、北京电影博物馆的专家纷纷对这张美女照做了鉴定，都感到有一种"似曾相识"感，而照片中人物的"女儿"——一位70多岁的老人从全国各大媒体中得知新发现"母亲"玉照的消息后，特地从北京来到上海王开，寻找老照片。

当这位"大明星"的女儿看到那张"母亲"年轻时的照片时，也觉得与她母亲相貌非常相似，但最终这位女儿在"母亲"脸部的一个细小方面看出了破绽，最终否定了照片上的人是她母亲的说法，也就是说照片上的那个美女不是三四十年代的大明星。

那么，这张照片上的漂亮女人不是电影明星又是谁呢？就在人们好奇地猜测时，一封神秘来信讲述了一则催人泪下的爱情悲剧故事。

出身大户人家的千金小姐

照片上的年轻美女不是什么电影明星，而是一位知识女性。1917年2月生于上海静安寺附近的一个大户人家，名叫张莎丽。父亲是一家五金厂的老板。张莎丽是一对双胞胎女儿中的姐姐，妹妹叫张莎琴。姐妹俩都长得非常漂亮。从小有保姆与奶妈照顾，过着饭来张口、衣来伸手无忧无虑的生活。然而，张莎丽与张莎琴两姐妹却没有大户人家小姐的那种盛气凌人、骄横跋扈的习气，做人做事相当低调，从不自恃家里有钱而铺张浪费。两姐妹在教会女子学校读初高中这段日子，都是寄宿在学校里，因而独立生活能力很强，

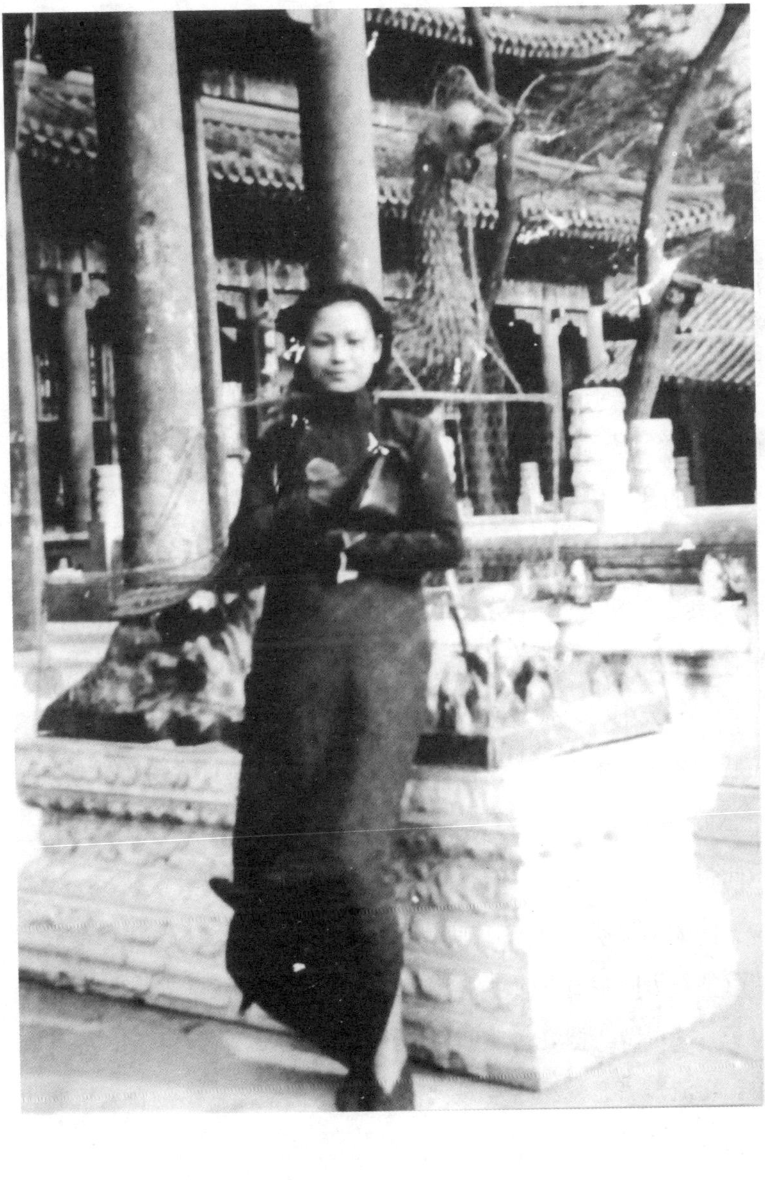

而且姐妹俩读书非常优秀，英文、法文在全校名列前茅。姐妹俩成绩好、为人好，肯帮助别人，那些棉花大王、钢铁大王、汽车商等有钱人家的女儿都很喜欢她们，每逢假期都邀请姐妹俩一起外出旅游、野餐。在那段岁月，张家两姐妹生活得非常平静、安逸、欢快。

1935 年，时年 18 岁的张莎丽与张莎琴都变成了亭亭玉立、冰清玉洁，如出水芙蓉般美丽漂亮的大姑娘，有"远惭西子、近愧王嫱"之姿容。而且更让人佩服的是张莎丽高中毕业后考取了上海圣约翰大学，张莎琴考上了上海法政学院。由于姐妹俩容貌出众，再加上学习成绩好、性格温和、为人大度谦和，成了许多男生争相追求的梦中情人。

转眼大学就要毕业了，张莎丽的心灵中闯进了一个人。他是同班同学沈文国——一个英俊的学习尖子，父亲是银行家，家庭经济条件非常好，更重要的是他对张莎丽的追求一刻不停，而且真心实意。有一天下雨，张莎丽外出不小心摔了一跤把脚扭伤了，沈文国见状冲入大雨中抱起她就直奔医院，还一夜未睡守在身边，张莎丽的心被深深打动，这也是她第一次感受到来自异性的温馨与关爱。从此张莎丽与沈文国确立了恋爱关系，彼此特别地珍爱对方。

妹妹张莎琴也因为学习成绩优秀、容貌美丽、为人谦和而成为法政学院男同学追求的对象。她也在大学快毕业前与同班一个学习尖子、父母做药材生意名叫丁爱华的男生确立了恋爱关系。姐妹俩相互交流着"恋爱经验"，共享着热恋中的快乐，沉浸在爱情的甜蜜之中。然而姐妹俩与同学的热恋之事从未向父母透露过半点，她俩商量好先不让父母知道，"攻守同盟"不露任何蛛丝马迹。

1939年春，张莎丽与张莎琴考虑到快要大学毕业了，同学都要各奔东西，为了给要好的同学留个纪念，姐妹俩到南京路上的王开照相馆拍照留影，由于她俩长得漂亮、上镜，王开老板选了几张两人的照片陈列在照相馆的大橱窗内。同学们还专门去王开橱窗看她俩陈列在里面的照片。能够与当时的电影明星共同陈列在一个橱窗里，那是一种骄傲。她们的父母也非常高兴——家里出了两个美丽女儿。

父亲东山再起的牺牲品

然而，天有不测风云。1939年夏，也就是张莎丽与张莎琴刚刚跨出大学校门，她们家里发生了大灾难。父亲开设的五金工厂一夜之间被大火吞噬，她们的家庭一下从天堂坠入地狱，从富裕到赤贫，并欠下了一笔很大的货款未付。面对这场从天而降的灾难，一家人全被"击晕"了。债主纷纷上门讨债，父母只能外出躲避，母亲天天以泪洗面。但总不能这样长久下去，逃避不能解决问题，只有面对现实想办法才是唯一出路。张莎丽父亲在一个朋友的帮助下迈入一条起死回生之路，那就是把大女儿张莎丽嫁给怡和洋行的大老板——一个50多岁的老人当填房，只要这门亲事成了，怡和洋行大老板就愿出资帮张莎丽的父亲东山再起。

张莎丽的父亲为了五金工厂能重新建成，继续当老板，就答应了将大女儿张莎丽嫁给老人做填房。当父亲把这事告诉张莎丽时，遭到了她的反对，并表示宁愿一辈子不嫁人也不愿嫁给一个老头子。但她的父亲心意已决，执意要将她嫁出去！

张莎丽的个性非常温和、矜持，又是一个非常爱惜颜面的人，对父亲蛮不讲理的打骂并嫁给一个素不相识老人的命运感到非常失望。从此，张莎丽就一直躲在自己的房间里以泪洗面，再也不与外界联系。在父亲的高压下同未来丈夫见了两次面。从此再也不与男朋友沈文国联系，一切都以"躲避"为主。离结婚的日子越来越近了，张莎丽哭干了眼泪，也深知已是木已成舟之事，再哭也没有用。

一天，张莎丽打扮了一番后叫妹妹张莎琴再陪她到王开照相馆去拍照片。几天后她取照片回家后边看边流泪对妹妹张莎琴说："这次照片拍得不如上次，也许是我瘦了。"说着她的双眼朝窗外毫无目的地望着，一副魂不守舍的样子。她确实消瘦了很多，面容憔悴、发黄，没有一点往日的神韵。

"莎琴，我从这些照片中看到了我人生的悲哀，看到我人生的最后一刻已经没有多少时间了。"说这话时，张莎丽流出了眼泪，泪水大滴大滴地掉在那些照片上。

第二天早上，张莎丽口吐鲜血、鼻孔也流着血倒在地上……

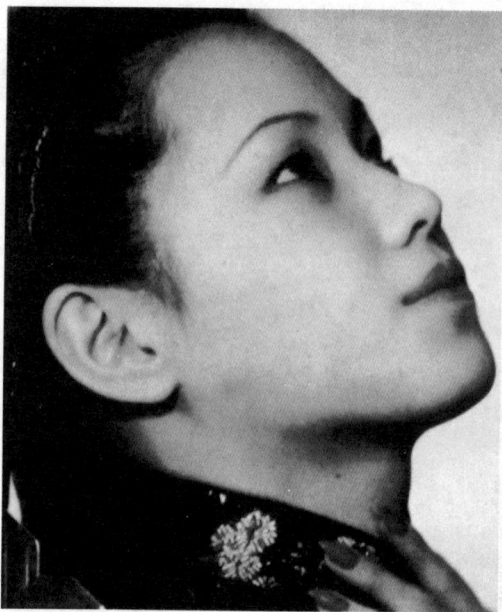

红颜薄命空余恨

　　张莎丽被送到了医院，经诊断，她患上了急性白血病。临死前张莎丽双手握住妹妹张莎琴的手道："我走了之后，照顾父母的事全靠你了，我们家发生的事千万别告诉我男朋友沈文国，让这些伤心事永远埋藏在你我心里。"最后她说了三个听了令人非常伤感的字："好……苦……啊……"就这样，一个绝代佳丽于 1939 年 9 月 4 日与世长辞，时年才刚刚 22 岁，真是红颜薄命啊！

第六章　双胞胎大小姐的悲凉命运

令人深感悲凉的是，张莎丽大殓那天只有母亲与妹妹张莎琴站在她的遗体旁，父亲因忙于重建工厂而未到场，那场景是多么的孤独、凄凉啊！几天后张莎丽的男朋友沈文国突然出现在她家，当他看到张莎丽的那张非常憔悴、消瘦的照片时，当场昏了过去。一个星期后沈文国在万国殡仪馆为张莎丽重新举行了追悼会，许多同届的男女同学、老师纷纷前去参加，大家都流出了伤心的眼泪，但没人知道张莎丽是为何事而患病死去。

在张莎丽死后1个月左右，父亲又把妹妹张莎琴"顶替"嫁给了怡和洋行大老板做填房。为了断绝张莎琴的"后路"，不让她与男朋友及同学来往。婚后他们就去香港定居了。就这样，张莎琴在痛苦与伤心中被迫生下了一个男孩，从此再也没有生育。

9年后，张莎琴丈夫病故，她便带着8岁的孩子回到上海老家，从此深居简出，吃素念佛，不再嫁人。不幸的婚姻使她对婚姻之事心灰意懒，对姐姐张莎丽的悲凉死亡念念不忘。

听完这个尘封了70多年的故事之后，又有谁能想到，写信讲述这个故事的人就是张莎丽的外甥、张莎琴唯一的儿子，现已是古稀之年的王老先生。王先生在信中这样写道：这是我姨妈和我母亲的人生悲剧，是我外公一手造成的悲剧。

第七章

被情感击垮的大明星

她成了万人迷

事业成功 爱情甜蜜

情感受挫 一蹶不振

民国时期，上海电影界名媛佳丽云集，女明星如春天里姹紫嫣红的百花争妍斗美、各展姿容。其中有一位才貌双全的女明星在当时特别走红，可谓是鹤立鸡群，倾倒了许多文人墨客，她的芳名叫严月娴。

严月娴，1911 年出生于上海，受家庭影响，她爱好音乐、舞蹈、绘画，就读于上海启英女校。14 岁加入戏剧协社，15 岁起在《上海之夜》及《好儿子》中担任主角，从此正式步入影坛。1932 年因在 6 集故事片《啼笑因缘》中扮演陶太太而名声大振，红极一时。严月娴共演出《春之花》《失恋》《空谷兰》《慈母》《脂粉市场》及《女权》等近 30 部电影。正当她的事业进入辉煌时期，一段情感挫折打击了她，从此一蹶不振，退出影坛，终身未嫁。

严月娴，一个美如西施又多才多艺的大家闺秀为情颓废，早早离开影坛而孤独生活一辈子，不少人为她深感惋惜。

她成了万人迷

严月娴出生在上海一个富裕的大户人家，其祖父是上海滩的一

严月娴

第七章　被情感击垮的大明星

126

大家闺秀

位大实业家，父亲严工上是早期闻名上海滩的电影明星，也是一位
文化人。严月娴从小生活在这样的良好家庭里，父亲的言传身教及
耳濡目染的家庭影响，再加之严月娴天资聪颖，儿童时期就多才多
艺：会唱歌、跳舞、绘画。进入女中后，她的才华更是展露无遗。
学校的文艺表演她是主角，是当仁不让的领唱、领舞，被同学称为
"女校之花"。1925年，年仅14岁的严月娴报名加入了戏剧协社，

成为该社的一名小社员。1926 年，严月娴在由神州公司投资拍摄的电影《上海之夜》及《好儿子》两部电影中扮演主角。银幕上严月娴的天真活泼及天使般的美丽容貌深深吸引和打动了观众，博得了影迷及同行的一致好评。大家都认为她将来前途无量，一定能成为中国电影界的一颗巨星。

一切都像人们预想的那样，严月娴的前途一片宽广。她的片约不断，许多电影公司以高薪相聘，严月娴仿佛成了当时电影界"相互争夺"的"抢手之人"。而严月娴也"待价而沽""择价而投"，她先后投身长城公司、华剧公司及明星公司，在《鱼叉怪侠》《英雄与美人》《慈母》《春蚕》《满江红》《春之花》及《啼笑因缘》等十多部电影中担任主角，每部电影都博得影迷们的好评，而且许多影迷就是冲着严月娴美丽的银幕形象及高超的表演艺术而来。

在严月娴参演的电影中，以 1932 年拍摄的 6 集故事片《啼笑因缘》及 1933 年拍摄的《春蚕》为最佳。在这两部戏中，她分别扮演表嫂陶太太与农妇阿四妻两个角色，因其表演得真切、动情、感人，再加上严月娴刚 20 岁出头，正是鲜花吐艳、人生最美之时，这两部电影一经放映就受到追捧和好评。在上海、南京、宁波、苏州等地，都是场场爆满，此时的严月娴红遍了上海滩乃至半个中国。

当时上海南京路上以专拍电影明星而闻名的沪江照相馆还专门为严月娴拍了一组美人照并制成明信片，不少媒体把严月娴比喻成"当代最美西施"，她的名声胜过胡蝶、超过王人美，是家喻户晓的红影星和万人迷。

《良友》杂志第 29 期封面上的严月娴

第七章 被情感击垮的大明星

《良友》杂志第 103 期封面上的严月娴

事业成功 爱情甜蜜

严月娴的事业蒸蒸日上，名声如日中天，是人们心目中的电影皇后，特别是她在《春之花》中的美丽形象吸引了众多男子的眼球，电影票房创下了当时的最高纪录。那些迷恋她的影迷们更是对这部影片百看不厌。给她的求爱信每天都像雪片一样塞满了她的信箱，这使严月娴既欣喜又烦恼，她对求爱信一概不看也不回，她相信求爱信中会有真心者，也会有"精品之人"，但要"梳理精品之人"无疑是沙中淘金，太累了。

但严月娴的"铁石之心"被一个"白马王子"熔化了。一个出身大户人家的公子看中了严月娴，成了众多追求者中的一位。那男子长得身材魁梧、相貌英俊、打扮洒脱，也是一个多才多艺之人，会唱歌、跳舞、弹琴、吟诗，能讲一口流利的英语，他是严月娴在参加一个生日派对时经朋友介绍认识的。双方在舞会中一见钟情，经过短暂的交流彼此有了"相恋之心"，并互留了通信地址。

严月娴紧闭的爱情之门向那男子打开了。男子儒雅的举止、幽默风趣的谈吐、谦和的为人，使严月娴真正感受到了异性的魅力。严月娴的爱情之花向着她所爱的男子绽开怒放：她拍完戏的第一件事就是打电话同他约会；拍摄之余想的是他，晚上梦到的也是他，她深深地爱着他。而那男子也深爱着她，带她到上海滩上最高档的饭店进餐，去最好的舞厅跳舞，休息天一同开车到郊外踏青、野餐、放风筝、拍照、钓鱼。严月娴一往情深地爱着她那心目中的白马王子，男朋友也深爱严月娴。他向她表白，今生今世非她不娶，而严月娴也深情地向他表白，今生今世非他不嫁。两个坠入爱河中的恋人在一次热烈的拥抱中发誓：海枯石烂不变心，永远相随到白头。

情感受挫 一蹶不振

常言道，天有不测风云。正当严月娴与男子沉浸于幸福的热恋中，男朋友的外交官父亲从英国回来了，当他得知儿子要娶一个电影演员时，当即反对，而且没有商量余地。娶一个"戏子"进门，对一个外交官家庭来说是有辱门庭的事，是对祖宗荣耀的抹黑。这门被视为大逆不道的婚事绝对不能同意，他们必须分开。该男子的父亲为了阻止儿子同严月娴交往，回家第二天就把儿子带到南京工作。一个星期后，父亲在没有同儿子商量的情况下把他带到了英国，而一直在等待着的严月娴怎么也没有想到她的心上人已经在遥远的异国他乡了。

当严月娴知道这一切后，犹如五雷轰顶，精神一下子崩溃了，一场大病向她袭来，病床上泪水伴随着痛苦折磨着她的心灵，无尽的痛苦与绝望占据了她的精神世界。她哭泣、愤怒。然而，恸哭和悲伤又有谁来为她承受与分担？

我的爱啊，你就这么连一声告别都没有就悄悄地走了！你走得那么匆匆，走得那么遥远，从此我俩就天各一方，你就如此心狠抛弃一个时刻都在呼唤和深爱你的月娴吗？月娴我时时刻刻都在等你，等你回到我的身边一起喜结良缘，共度洞房花烛夜，一起生儿育女，一起白头偕老，在幸福的举案齐眉与相敬如宾中度过一生。然而，你就这么毫不留恋地走了，把我最最美好的憧憬击得粉碎，月娴仿佛从幸福的云层顶端坠入了地狱深处，眼前充满了黑暗和恐怖，这是我人生悲剧的降临。

我的爱啊，你就这么无声地走了！你带走了我一生的欢快和希望，留给我的只有悲凉和绝望，在我人生的天空中没有了太阳，没有了阳光，没有了光明，这往后的日子叫月娴怎么过啊！我的爱啊，你就这么狠心地走了！你带走了我的整个心灵，使月娴的身躯变成了一具行尸走肉，灵魂已飞到了你所在的异国他乡，依附在了你的身体里，永远融合进你的心灵中。

我的爱啊，你就这么无情地走了！你留下月娴一人你知道她有多么孤独和忧伤，整夜哭泣流泪，你忍心让她一年三百六十五天从春天流泪到秋天，从夏天流泪到冬天？！我的爱啊，你就这么无情地走了！你为什么不把月娴带走，比翼齐飞到英国，你忘了曾在黄浦江边紧抱我时发誓"永远在一起不分离"的豪言壮志吗！你难道忘了我俩在外滩公园花前月下、卿卿我我时你对我的承诺"我走哪儿就带你去哪儿，哪怕是天涯海角我俩也要寸步不离"！这就是你给我的发誓和承诺？！

我的爱啊，你别走呀，你回来吧，深爱你的月娴整日流泪在等你回来，她从早上等到晚上，从元月等到岁末，却怎么也等不到你的归来！她为你哭哑了嗓子，流干了泪水！孟姜女的悲鸣哭倒了长城，湘妃的泪水染上了斑竹，而月娴的哭声响过孟姜女，流的泪水胜过湘妃，这一切难道还打动不了你的铁石心肠……

然而，痴情的严月娴再没有等到她的心上人回来，对方一去不返，从此杳无音讯。深受失恋打击的严月娴精神彻底崩溃了。她的内心只有凄婉、惆怅和悲凉。病愈后的严月娴就像是换了一个人似的，脸上挂满愁容，双眼无神，不再爱说话，连拍电影也没有了兴趣。为了排遣内心的痛苦，她开始吸食大烟，并染上了赌博的恶习。她已不再是原来那个漂亮的严月娴了。虽然还会有人请她拍电影，但已经没有了当年风采，她的声誉一落千丈，最后只能凄楚地告别影坛。她终身未嫁，一人独居在上海，靠美国妹妹的资助生活。1985年10月23日，严月娴因突发心脏病去世。

第八章
美女明星香消玉殒

不顾家人反对当演员
美丽之花早早凋谢

现在很少有人知道，20世纪三四十年代有一位绝代美女明星，她是出身大户人家的小姐，名叫貂斑华。

貂斑华生于1913年，长得很美，她的容貌可以用"沉鱼落雁，闭月羞花"八个字来形容。她是老上海女明星中的美女，鲜花丛中一枝独秀。然而，正当貂斑华在银幕上频频亮相、事业如日中天、名声大振成为万人迷之时，病魔却悄悄地依附到了她美丽的身体里。她患了严重的肺结核。当时的医疗水平尚不发达，肺病被视为可怕的不治之症。由此，貂斑华被病魔夺走了生命，时年刚刚28岁。在人生最灿烂的青春岁月离去，真应了"红颜薄命"这句老话。

不顾家人反对当演员

上海滩曾被称为东方好莱坞，许多年轻的女性都怀着当电影明星的美梦，希望自己一朝能成为"万人迷"。貂斑华就是这样一个明星迷。她原名吴梅香，生长在书香门第的大户家庭，从小养尊处优，家人都希望她将来成为一个有出息的知识女性。但她却是一个明星迷，希望自己能拍电影，成为电影明星。当时有一部电影《火烧红莲寺》公映后在影迷中反响热烈，她因喜欢女主演夏佩珍而把名字改为"吴佩珍"，虽然遭到了家人的一致反对，但她依旧我行我素，谁也奈何不了她。

1934 年初冬的一天，吴佩珍约大学同班的几个女同学去"联华"片场参观拍摄现场，那天正在拍摄由阮玲玉主演的《新女性》。吴佩珍见状立即冲到围观人群的最前面，由于她长得漂亮又特别有气质，一下子吸引了现场导演孙师毅的眼球。而当时拍摄现场需要几个配角扮演舞女，导演孙师毅就主动与吴佩珍攀谈家常，希望她能演配角中的一个小舞女，早已有当演员梦的吴佩珍兴奋得跳了起来，当即答应了导演的"加盟"邀请。

然而，大户家庭是看不起艺人职业的。大家闺秀当演员在当时不仅被认为是伤风败俗，更是有辱门庭。吴佩珍把拍电影之事告诉家人后，遭到了一致反对。父亲严厉责骂了她，并下了最后通牒，如果要当演员拍电影做"戏子"就别回家，更不能姓吴。但烈性、倔强的吴佩珍为了实现自己的电影明星梦，毅然离家出走。因当时吴佩珍穿了一件漂亮的貂皮大衣，而模样长得不亚于古代美女貂蝉，故导演孙师毅就为她起了艺名貂斑华。

从此，大学生吴佩珍由拍摄《新女性》当一个舞女配角，变成了专门从事演员职业的貂斑华。之后，貂斑华一连拍摄了《秋扇明灯》《天伦》及《寒江落雁》等电影。她的这张漂亮脸蛋在银幕上的频频亮相，引起了不少影迷的关注。很多人并不是冲着她的演技而进电影院，而是为了看她的美貌，都说貂斑华有倾国倾城之貌，是一个绝代美女。

美丽之花早早凋谢

貂斑华在银幕上楚楚动人、回眸一笑百媚生的形象，使无数痴情男纷纷拜倒在她的石榴裙下。许多媒体记者跟踪着她的"衣食住行"，对貂斑华的描述与赞美多于其他明星。当时上海的许多媒体都刊登她的迷人玉照，其中《青春电影》杂志一次性刊登了貂斑华各种姿态的照片100多张，该杂志刚发行就被影迷们抢购一空，有人说这是在抢购美女貂斑华。曾有媒体称貂斑华长得像当时大红大紫的明星胡蝶，若是其他明星看了一定会高兴，但高傲、自命不凡的貂斑华不但不高兴，还给予痛斥，她在《大晚报》上发表文章道："别人说我像胡蝶我有什么办法，恕我不识抬举，我像胡蝶是我的耻辱……谁也不能强迫我去拜倒在她的脚下……貂斑华就不能像貂斑华吗？"

由此可见，当时的貂斑华是何等的"自大"与"狂妄"，她并不把大明星放眼里。貂斑华善于同媒体记者、编辑等人交朋友，因此她的照片被频繁刊登在当时的报刊上，知名度远远高于其他演技比她高出一筹的女明星，因此她被戏称为"照片明星"。

貂斑华是一个个性奔放、张扬之人，她出名后忙于交友和娱乐生活，常常出入饭店、舞厅、酒吧，尤其喜欢跳舞，每次参加舞会

第八章　美女明星香消土殒

140

大家闺秀

第八章　美女明星香消玉殒

她都能成为"群星拱月"的皇后，那些有钱的大佬们都会围着她转得分不清天南地北，曾有媒体这样赞美貂斑华：

> 花魂蝶舞女皇后，翩翩飘动摄人心。
> 娇姿姣容独争娇，百媚失色无人比。
> 仪态万千姿色美，犹如彩云显仙影。
> 美艳绝伦貂斑华，胜过唐朝杨贵妃。

1939 年起，貂斑华又拍摄了《王宝钏》《观世音》及《阎惜姣》，其中在 1940 年拍摄的《阎惜姣》一片中，貂斑华主演的阎惜姣以风骚、泼辣、狠毒而博得同行与观众一致叫好。然而，就在貂斑华开始事业蒸蒸日上之时，病魔已降临在她身上，从此遭受病痛的无情折磨，花容月貌被病魔摧残得一去不返。1941 年 8 月 15 日，绝代美女貂斑华孤独而又凄凉地在上海虹桥医院的病床上闭上了双眼，从此香消玉殒。

第九章

倒在汉奸枪口下的美女

深夜的恐怖枪声
学生时代的郑苹如
加入抗日团体
以敌为「友」 深入虎穴
参与锄奸战役
绑架日本首相之子
她发现了惊天秘密
接近汉奸丁默邨寻机铲除
一封催人泪下的绝笔情书
未能得手的最后绝杀
她被特务押至野外杀害
斯人已逝 空余浩叹
她的英灵获得了安慰

她是一位长得非常美丽的爱国年轻女子，19岁加入中统，周旋于日寇的高级官僚中；绑架日本首相之子；第一个获得汪精卫投敌叛国的情报；行刺大汉奸丁默邨。为抗日献出了年轻宝贵的生命。著名作家郑振铎撰文赞美她是一个"为了祖国不畏死亡的女英雄"。

深夜的恐怖枪声

1940年2月的某一个深夜，蛰伏在夜幕下的上海一片凄凉和恐怖，呼啸的西北风不停地吹着这个早已进入沉睡的城市，每一座建筑都是一片死寂、昏暗。街道上不见行人，大楼里看不到灯光；郊区，农舍萧索，听不到犬吠声、看不到野猫乱窜……

在日本侵略者铁蹄控制下，除了萧条与恐怖，怎么还会有点滴生气？贫困潦倒的城市没有一种快过年的氛围。

这样的深夜，只有死寂、死寂，凄凉、凄凉……

砰——

砰——

砰——

突然，在上海的西南郊外方向，响起了三声极其恐怖的枪声。

在徐家汇火车站南段一个荒凉的刑场上，一个披着长发、内穿金红色羊毛内衣、外披红色牛皮大衣、长得非常美丽的女子倒在了血泊中。她就是抗日女英雄郑苹如烈士。

郑苹如就义时，年方 23 岁，她是一个为了民族与国家利益抛弃幸福与生命的大家闺秀。

学生时代的郑苹如

1917 年，郑苹如出生在日本名古屋，父亲郑钺在日本时加入了孙中山领导的中国同盟会，是国民党元老，曾担任于右任的秘书。母亲木村花子（后改名郑华君）出身于日本望族，善良贤惠，而且同情中国革命，支持丈夫事业，是一个传统的日本妇女。

郑苹如在家排行老二，从小就聪明过人。中学时代曾就读于上海市北中学、大同中学及民光中学。学生时期的郑苹如不仅人长得漂亮、举止大方、善解人意，而且特别聪慧，读书好、兴趣广，会绘画、懂书法，是学校的文艺积极分子，被大家公认为才女和校花。

郑苹如虽然出生在日本并流有日本人的血液，但她特别热爱自己的祖国，这同她从小受到父亲的熏陶有关。郑苹如的父亲郑钺时常给她讲述中国历史上的爱国人士，并把孙中山发起的同盟会政治纲领"驱除鞑虏，恢复中华，建立民国，平均地权"和倡导"三民主义"的政治意义及道理告诉她。此外，郑苹如还时常跟着父亲进

郑苹如与母亲在家门前留影

第九章　倒在汉奸枪口下的美女

148

郑苹如（左一）一家在 1924 年的合影

出其同盟会老朋友于右任、陈果夫和陈立夫等人的家。她父亲的老
朋友都喜欢郑苹如，把她当作自己的女儿一样，于右任有时还会教
她作诗和书法，陈果夫、陈立夫两兄弟时常送一些好书给她，而郑
苹如与这些长辈们也有着深厚的感情。

在这样一种家庭和社会圈子里长大的郑苹如，却没有一点大家
闺秀的娇气和自命清高的架子，她对人对事宽容大度，并肯于吃苦。

1932 年爆发"一·二八"事变，日本侵略者进攻上海，上海
人民与十九路军团结一心、同仇敌忾，奋力抗击侵略者。在这场上
海保卫战中，郑苹如自己购买了慰问品上前线慰问抗日将士，为负

大家闺秀

伤的将士们洗衣、倒水、擦脸。为了把抗日爱国精神全面鼓动起来，郑苹如自费印刷了许多宣传抗日的传单，与同学们一同到浦东张贴和散发，她要把抗日斗争的烽火燃遍浦江两岸。

20 世纪 30 年代的上海，被称为东方巴黎，上海的电影行业非常发达，爱好文艺、擅长表演的郑苹如特别爱看电影，尤其爱看中国人民抗击日本侵略者的电影。自编自演《抗日女生上前线》话剧，在一次演出中博得了全校师生的一致好评，剧本还被学校校刊登载。

郑苹如被老师和同学称为"校园明星"。

确实，郑苹如也有过明星梦，她非常喜欢胡蝶、周璇、袁美云这些大红大紫的大牌女明星。当时南京路上的王开照相馆和沪江照相馆都很有名，一些男女大明星都在那里拍明星照。每当看到照相馆橱窗内放着漂亮大明星的照片时，郑苹如就会驻足欣赏。进入大学以后，郑苹如的明星之梦没有破灭，她曾通过朋友关系到明星影片公司要求当演员。由于她父亲是一个有传统思想的人及家庭地位的不同，公司拒绝了郑苹如当演员的要求。但郑苹如内心当演员做明星的想法始终未灭，演员当不成，明星梦无法实现，她就爱上了拍明星照，她时常到王开模仿一些明星拍照的姿态拍明星照，以满足自己一心想做明星的心愿。郑苹如在王开拍摄的明星照因姿态优美、容貌出色，被陈列在了王开照相馆的大橱窗内。当时专门刊登明星照的《良友》杂志，其照片大多取材王开仕橱窗陈列的精品照

郑苹如的照片被《良友》杂志选登在封面上

片，故郑苹如的玉照曾被《良友》杂志选中，并刊登在封面上，成为不是明星的明星。

加入抗日团体

1937 年，苦难深重的中国遭到了日本帝国主义者的全面侵略。8 月 13 日，野心勃勃的日本侵略者向上海发起了进攻，在经历了百日抗战之后，中国军队于 11 月 12 日全面西撤。上海沦陷，租界成了"孤岛"。

此时，就读于上海法政学院的郑苹如正沉醉在甜蜜热恋中，本打算毕业后同时任上海航空作战大队小队长的未婚夫王汉勋到香港旅行结婚。然而，国难当头，这一切已经不可能了，两人相约抗战胜利后再步入婚姻殿堂。

上海沦陷后，抗日斗争转入地下，一场除奸与反除奸的残酷战役打响了。1937 年秋季的一次聚会上，中统实权人物陈果夫的堂兄弟——陈宝骅见到了郑苹如，他提出，为了更好地抗日，更好地报效国家，邀请她"加入团体"。

郑苹如在得到陈宝骅的"特殊邀请"之后，与父亲郑钺进行了商议。父亲非常支持女儿的选择，他郑重地告诫女儿："为了国家，什么都可以牺牲。"

在地下联络站，陈宝骅给郑苹如讲解任务："你打入日伪高层的优势是年轻漂亮，有文化，有日本血统，精通日语，家庭一直和

大家闺秀

日本有联系，了解日本人方方面面的习俗。"陈宝骅的态度非常严肃，"你的不足处是没有经验，容易被人看出破绽。因此，做什么事必须考虑周全，谨慎小心，不露声色，做到心中有事，表面无事，镇定自若。"陈宝骅把从事特工工作的要点与注意事项都事无巨细地告诉郑苹如，让她心里有一个底。

"还有，干地下工作非常危险，可能会有生命危险，你必须要学会保护好自己，同时这也是保护自己的同志。你还要学会'事前不露消息，事后不露痕迹'，遇事为掩真相，要会'否认'，要会'耍赖''抵赖''装糊涂'，多说'不知道''忘了'，大哭大叫喊冤枉。这样能多保护自己。"陈宝骅的这番话，确确实实是一种丰富经验的积累，一听就知道他是一个干特工的能手。

陈宝骅在同郑苹如说话的同时，双眼不时朝窗外扫视，神情始终高度警惕，也许这就是职业的一种习惯性本能反应。

"郑苹如同志，从今以后你还要学会发报、释密码、打枪。"陈宝骅边说边从衣袋里取出一把小型的勃朗宁手枪在郑苹如面前晃了晃道："这些我会让人教会你的。"

第一次看到真正的手枪在自己面前晃动，郑苹如不由怔了怔。

"不用怕，枪是保护你的。"陈宝骅马上把枪放进衣袋，接着又从上衣口袋里摸出一张照片，"以后由这人直接与你联络"，他把照片递给郑苹如，"照片上的人认识你、了解你！"

郑苹如接过照片一看，先不由一惊，后又呆呆地愣住了。原来照片上的那人——她的新顶头上司，竟然就是坐在她后排的同班同

第九章　倒在汉奸枪口下的美女

学嵇希宗。嵇的父亲是钱庄大老板、母亲是陈果夫的表妹，一个平时少言寡语与世无争的老好人，没想到已是一个肩负抗日救国使命的地下工作者，她深受震动。

翌日，嵇希宗与郑苹如取得了联系。

与此同时，日本占领上海后也开始组织和扩大汉奸队伍，青帮流氓头子、老牌汉奸常玉清在日军直接扶植下，网罗了一批地痞流氓在虹口成立了"安清总会"，专门运用暗杀、绑架、放火等残酷

156

大家闺秀

手段对付抗日爱国人士和民主爱国人士，将爱国人士的人头挂在租界内的电线杆上，以此威胁抗日民众。

日本侵略者在网罗地痞流氓、扩大特务组织的同时，又把目光转移到了一些高层的中国人身上。郑苹如的父亲成了日本人"诱降"的重要人物之一。

郑苹如将利用日本人想拉他父亲下水的机会，将计就计打入日伪高层的社交圈，以获取敌方有价值的重要情报。

以敌为"友" 深入虎穴

上海作为中国乃至亚洲一个重要的经济、文化中心，日军占领后，为了快速控制局面，便把上海作为政治诱降及扶植汉奸傀儡政权的重要基地。在上海这个藏龙卧虎的大都市里，居住着中国政界、军界、商界及文化界的各类社会名流，这些名流在社会各个领域都有着一定的名望、活动能力及号召力，有的人甚至在一定范围里可以起到呼风唤雨的作用。因此，日本人需要诱降一些"大人物"组成傀儡政权，达到"以华治华"的目的。

1938年，日本侵略者在上海开始了一场血腥的大诱降行动，凡是被日军列入名单的重要人物，如果不顺从就除掉。4月7日，上海沪江大学校长——32岁的留美博士刘湛恩因拒绝出任伪教育部长被日伪特务杀害。而郑苹如一家因其父郑钺早年留学日本，娶日本妻子，孩子们都出生在日本的背景，日本方面非常重视，专门派遣

大家闺秀

日本大使馆书记官清水董三拜访郑钺。清水董三是一个非常狡猾和老练的外交家，是一个非常了解中国历史及中国人心理的"中国通"。他邀请郑钺出任日本人正在组建的伪政府"司法部长"。

"清水先生，我已是年过花甲的人了，身体有病，时常卧床不起，早就没有了好身体，恐怕难当重任。"郑钺轻声而略带有一种力不从心的神情，"对于清水君的器重，鄙人非常感谢。"郑钺以日本人的习惯略微向清水躬了躬身，以表示对他盛情的歉意。

"唉，郑钺他因身体一直欠佳，有一段时间不工作了，我也不希望他外出工作，好好在家养病。"郑苹如的母亲木村花子在一旁帮丈夫解围。

"这，这……"清水董三见此情景，又见郑钺确实非常消瘦，讲话有气无力，一副病态，也就没有再说什么话，但心里还是有点不甘心。

而郑苹如郑重其事地对清水来了一个毛遂自荐，表明自己可以帮忙做些事情。

清水听郑苹如这么一说，忙不迭地说道："对对，郑小姐完全可以和我们一起做事。"

清水见眼前的郑苹如年轻漂亮，又是个大学生，从小在日本出生、上学，有着日本大和民族的血统，真是难得的人才。特别是同郑苹如一番交谈，清水更有一种相见恨晚的感觉，他被郑苹如的聪明、灵活、直率和大方的举止给吸引住了。临别，郑苹如用一种女性特有的温柔口吻道："清水君，你长年在外，没有一个家，就常来我家坐坐。"

160

大家闺秀

　　清水怀着一种"到家"的感觉离开了郑苹如的家。但对郑钺以患病为由不愿出任司法部长一职总感觉有什么蹊跷。

　　一个星期后，清水带着日本驻沪头领共三人又突然造访郑苹如家，想看看郑苹如父亲郑钺到底有病没有，还想再次请他"带病"出山为日本人做事。最终的结果还是被郑钺以年老身体有病而拒绝。

　　3 个日本头目只好无奈地离去，但他们对郑苹如产生了浓厚的兴趣，认为她能为"政府"做许多事。

　　因为有"日本特殊身份"，再加上她的"自愿亲日"，郑苹如博得了清水董三等日本在沪头领的器重。日本方面在上门拜访唐绍仪、温宗尧、梁鸿志等人进行"诱降"时，都让郑苹如当翻译，郑苹如因此掌握了第一手重要情报。

　　郑苹如获得情报后立即送往总部：

　　101 电，2 月 3 日

　　日本进行组织华中傀儡政府已渐成熟，唐绍仪虽不欲出马，但日方拉拢甚力。

　　101 电，2 月 28 日

　　日本组织的华中傀儡政府人选已定，有温宗尧、梁鸿志、陈群。

　　重庆方面的地下组织得到这些情报后，采取了及时的雷霆手段，严惩变节人员，极大地震摄了动摇分子。

参与锄奸战役

随着中国军队的不断西撤，政府在沪机构也纷纷撤走，统治和控制能力大大削弱，从而"中国不行了"的悲观论调四处传开，一些动摇分子和投机分子在敌人的威逼或利诱下，纷纷投敌当了汉奸，其中不少人是曾经的风云人物。

一场全面的锄奸战役在"地下"展开了。

周凤岐投敌……

傅筱庵投敌……

郑苹如把一份份情报送到总部，一个个汉奸被列入了"铲除"的名单之中：曾任国民革命军二十六军军长的周凤岐投敌准备出任伪维新政府绥靖部长，在家门口被击毙；工商界顾馨一、尤菊荪投敌被击毙……

在众多的发往总部的情报中，郑苹如（1938 年）9 月 7 日发往总部的情报引起了蒋介石的极大关注，情报的大意是：唐绍仪与日交往甚密，松井非常器重唐，日有意让其出任伪傀儡政府要职，必要时需采取压制手段。

在 9 月初的一天，日本大特务土肥原贤二为了进一步拉拢唐绍仪，再次登门秘密拜访了唐绍仪，请他出山。一旦唐绍仪真的出山，

第九章　倒在汉奸枪口下的美女

后果将不堪设想。

唐绍仪生于 1862 年，曾是中国政坛上的风云人物，具有广泛的社会影响力。唐绍仪是被清政府选派去美国留学幼童中的第 3 批。1881 年回国后相继在李鸿章、袁世凯手下做事，曾任民国第一任内阁总理。1917 年 9 月，孙中山在广州建立护法军政府，唐绍仪南下参加护法运动。1919 年初南北政府会议，又任南方军政府的总代表。南京国民政府成立后，蒋介石也数度邀他出山，他不为所动，一直寓居上海家中，即使上海沦陷，他依旧留居法租界，与各方暧昧不明。

重庆方面考虑到唐绍仪在抗日方面立场不坚定，坚持中日和谈，与日本重要人物接触过于频繁，为一些重要投敌者与日本人联络起了"穿针引线"的搭桥作用，再加之日本人将采取必要手段压迫他"入阁"当傀儡政府之首冠，这将会在全国造成极坏影响。对于这样一个与日本"要人"过从甚密者，铲除是必然的，也是有必要的。

上海地下抗日组织接到铲除唐绍仪的命令之后，开始拟定铲除行动计划，寻找行动人选。在上海抗日除奸地下组织中，有一个名叫谢志磐的情报员，是一位经验丰富的特工。他与唐绍仪有一些亲戚关系，平时也有往来，对唐绍仪与其家中的基本情况较为了解。这次铲除行动的主要任务就落在了谢志磐的身上。

唐绍仪的住宅位于福开森路（今武康路）18 号，是一幢造型别致的花园洋房，大门口警戒森严，对进入唐家的可疑人员均要搜查。庭院内还有几名白俄保镖日夜警卫，保卫措施非常严格。针对这种情况，硬攻是绝对不行的，必须智取。

如何智取是一个非常难的问题，一般人是不可能进入唐府的，就是进去后如果有其他人在场也无法动手，一旦失手后果不堪设想。最后还是谢志磐想出了一个行动的妙计。

唐绍仪酷爱古玩，喜欢购置古瓷器。掌握了唐绍仪的爱好与特点，他们就把行动的突破口放在了唐绍仪的爱好上，这不失为一个锦囊妙计。

谢志磐他们根据所制订的行动计划，在上海重金购得一个精美的古瓷瓶，并制订好了刺杀计划。

一切准备就绪之后，谢志磐出面同唐绍仪取得了联系，并把这一"文物"情况告诉了对方。

双方约定 9 月 30 日见面，由谢陪古董商送货上门。

行动小组由 5 人组成，一名特工装扮成司机，古董商由地下特工总队长赵理君假扮，谢志磐负责引路，进入唐宅后在门口做掩护的有特工王兴国，而精悍有力的特工李阿大则装扮成伙计。

9 月 30 日上午 9 时，一辆小汽车缓缓驶入唐公馆，由于事先约好，再加上谢志磐时常出入唐绍仪家，故门卫与保镖只是礼节性地招呼了一下就"各就各位"站在原来位置上，谁也没有起疑。

司机在唐宅门前停车后迅速将车头调好，并不熄火。谢志磐一行 4 人来到了唐宅客厅，唐绍仪下楼与大家寒暄。赵理君以古董商的身份与唐绍仪讨价还价。争执不下，唐为缓和气氛，让用人给客人点烟，但因找不到火柴，用人外出去取。

赵理君急忙把瓷花瓶递给唐绍仪。

"啧啧，真是太精美了，我还是第一次见到。"唐绍仪自言自语着。"唐老，这东西怎么样？"一边故意分散唐的注意，一边赵理君向李阿大使了一个眼色，意思让他快动手。

李阿大心领神会，悄悄转到唐绍仪身后，迅速从腰间抽出已经提前准备好的斧头，说时迟那时快，一抬手举起斧头就……

唐绍仪连一点反应都没有就倒在地上，脑浆与鲜血溅了一地……

唐绍仪的铲除，确确实实为抗日斗争排除了一颗随时可能爆炸的重磅"定时炸弹"。

郑苹如获得"铲除唐绍仪"行动得手的消息后，当天迅速电告"总部"。

绑架日本首相之子

日本侵略者不断向中国内地发动侵略，给中国人民带来了深重的灾难，阻止日军的继续进军及如何迫使日本退兵，这成了一些当时政府高层的主要话题。以汪精卫为首的软骨头们，一直主张和谈、反对抗日，并把抗日说成是硬拼。也有高层提出想法让日本方面退兵，这显然是一种天真的想法，但还是有高层人物想试一试。

1938年12月初，郑苹如得到一份总部的密电：要她利用自己与日本方面的特殊关系，执行一项绑架时任日本首任近卫文麿在上海东亚同文书院学习的儿子近卫文隆的任务，以此再通过外交谈判逼日本退兵。

近卫文隆是日本首相近卫文麿的长子，人长得高大魁梧，特别爱好体育运动，喜欢打篮球、踢足球、练习柔道，尤其是擅长打高尔夫球。近卫文隆原先在美国普林斯顿大学读书，但不思进取、花天酒地。因此，近卫文隆被父亲安排至上海东亚同文书院读书。日本首相近卫文麿是该学院名义上的院长，他把这不争气的长子送到这里上学，关键是想把他造就成有用的"人才"，同时可以将儿子近卫文隆的一切所作所为都掌控在自己手中。

东亚同文书院对外被日本方面称为一所中日"友好"的学府，也有中国方面的学生在该学院上学，而所谓中国学生实际上都是日本在华的侨民子弟。这所学院开办的真正目的是日本政府培养了解中国、掌握中国语言文化和历史的"中国通"人才，将来为日本政府服务。东亚同文书院的学员充当间谍、随军翻译为日军搜集和提供情报。

但近卫文隆在东亚同文书院并不习惯这种军队式的读书生活，再说"自由"、放荡不羁的他整天被关在郊区冷冷清清、仿佛与世隔绝的校园里过着枯燥乏味的生活，怎么能受得了。近卫文隆强迫自己规规矩矩做人一段时间后，他的好动、贪玩的野性又开始复发了。时常晚上翻墙跳窗到英租界的跑马场（今人民公园、人民广场）看赛马、到四马路（今福州路）寻觅"名媛佳丽"，到静安寺路（今南京西路）一些舞厅里跳舞……

然而，近卫文隆的我行我素，令上海那些日本驻沪领事和军界头领们感到非常厌烦，都知道他不是一个能读书可造就的人才，至

第九章　倒在汉奸枪口下的美女

于他想不想读书已并不重要，重要的是他的"乱来"和"惹事"会造成或给他自身带来安全问题。一旦他真的出了事情，那就无法同首相交代，这事太让那些人烦心了。特别是近卫文麿首相的谈判代表早水亲重深感担子沉重，因为近卫文隆来上海前，近卫文麿特别叮嘱早水亲重要看管好他的儿子，有什么情况及时告诉他，所以早水亲重感到压力大，但他又苦于对近卫文隆在上海的那些"特别表现"难以启齿。在这种为难的情况下，早水亲重想到了一个人，那就是郑苹如，让郑苹如去"照顾"近卫文隆。

1938 年秋末的一天，日本驻沪领事馆举办"日中亲善联谊会"，日本在沪的一些政界、军界要人和上海伪政府的一些头头脑脑都被邀请参加，郑苹如作为嘉宾和翻译出席了联谊会。有心的早水亲重有意把郑苹如介绍给近卫文隆，让他俩交朋友。

联谊会上，郑苹如的口才、歌声、舞姿深深打动了近卫文隆，特别是她的美丽容貌和高雅大方的举止，更令近卫文隆倾倒，他深深地喜欢上了郑苹如。

郑苹如时常主动与近卫文隆约会，带一些他喜欢吃的东西，近卫文隆喜欢围棋，郑苹如就陪他下棋，他喜欢柔道，郑苹如就在学院的柔道房里陪他练柔道。而这些"小技"郑苹如都会，这是近卫文隆所没想到的，他觉得郑苹如就是他心中最理想的"梦中情人"，是"日本式"的好女性。

为了能与郑苹如在一起，近卫文隆也经常主动打电话给郑苹如外出约会。

亲密无间的"相恋",使近卫文隆早就把郑苹如当作了"未婚妻",他对她说话从不避讳。时常会把他从一些日本"头领"处听到或得到的重要消息在谈话中无意地流出,郑苹如是"讲者无意,听者有心",近卫文隆成了她重要的情报来源之一。

为了执行总部绑架日本首相儿子近卫文隆的任务,迫使日本停战及退兵,郑苹如他们采取了行动。

周末的一天下午,郑苹如把近卫文隆约出来带到巴拿马夜总会"谈情说爱",在这过程中不断敬酒把他灌醉,随后把他带到一家酒店客房,实行"软禁",然后通过水上线路将他带出了上海。

当郑苹如把这一行动"得手"的情况电告总部,总部马上让她们放人。因考虑到近卫文麿首相在日本算是温和派,一旦逼急了会转向强硬派一边,同时绑架他儿子也起不到迫使日本退兵的作用,再加上一旦近卫文隆"失踪"也会引起日军在上海进行大搜捕和大屠杀,将使更多无辜者遭殃。

第二天,郑苹如把蒙在鼓里还熟睡在客房里做着爱情美梦的近卫文隆放掉了。

这一天上午,日本方面得知近卫文隆一夜未归的"失踪"消息后,沪西日本宪兵队紧急出动,封锁了所有交通要道,各情报网络都进入高度的收集情报行动中,一些特务机构纷纷派出人员在租界内四处打听,各处乱钻。早水亲重还派人找到郑苹如家,当看到郑苹如与近卫文隆挽着手"回家",并得知他俩在客房"过夜"是为了"爱情",日方头领们才放心,认为是虚惊一场。

大家闺秀

她发现了惊天秘密

日本侵略者为了早日达到全面占领中国的目的，把"诱降"的目标锁定在了国民党的大人物汪精卫身上。日本人利用汪精卫与蒋介石之间的矛盾，同时也掌握了汪精卫优柔寡断的弱点，对汪精卫进行"轮番攻击"，汪精卫开始摇摆不定了……

1939年8月底的一个星期六晚上，日本驻沪总领事馆在草坪上举办纳凉舞会，这是一个小范围高规格的舞会，参加舞会的都是日本的政界和军界要人。

郑苹如也凭着自己的美貌才华和特殊的家庭背景而受邀赴会。舞会上，早水亲重得意忘形地告诉郑苹如，他们的诱降工作有大收获了，国民党的"二号"人物有意投诚。听了此话，郑苹如敏感地意识到，这是一个极为重要的情报。

"二号汪精卫的地位已经很高了，他不会轻易同任何方面合作的。"郑苹如为了证实二号指的是不是汪精卫，故直接指名道姓。

"汪精卫确实地位很高，但我们大日本帝国送给他的合作大礼包是非常非常之大，否则汪先生怎能和我们合作！"早水亲重语气重重地说道。

郑苹如故作不懂地问道："给汪精卫什么大礼包？我也想要大礼包。"郑苹如撒娇地看着对方，心里思忖着日本人要送给汪精卫的究竟是什么大礼包。

大家闺秀

"哈哈哈，这大礼包就是帮助汪精卫由二号变成一号。"早水亲重得意地笑着说。不一会儿，他收起笑容并严肃地对郑苹如道："这是绝密之事，你不能对任何人说，否则就要这样……"他用手做了一个杀头的动作。

舞会一结束，郑苹如就匆匆回家，她感到了事情的严重性，必须要把这一重要的消息快速电告重庆方面。

然而，当郑苹如把这一重要情报电告重庆方面后，却没有引起重要人物的注意，对汪精卫的一切行踪无人监视。

1938 年 12 月初，郑苹如再次得到了可靠情报，即汪精卫已经同日本人达成一致，准备离开重庆降日投敌。郑苹如得知此情报后，再次向总部发了一份绝密加急电报：

> 获悉大二号已与日本方面勾搭，近日将有异动，务必采取行动加以阻止。

然而，郑苹如的这份发往重庆的绝密急电，依然没有引起重庆方面的注意，因为没有人会相信一个国家的"二号人物"会投敌当汉奸。就在郑苹如的这份密电发往重庆的第 3 天，汪精卫突然失踪、去向不明。

1938 年 12 月 29 日，当汪精卫在越南河内公开发表支持日本的"艳电"后，重庆方面的重量级大佬们才如梦初醒，恍然感悟到上海方面情报的可靠性与重要性，但为时已晚。这次事件使郑苹如在重庆方面"特定群休"中的重要性直线上升。

接近汉奸丁默邨寻机铲除

岁月进入了 1939 年，由于国民党二号大人物汪精卫的公开投敌叛国，社会形势和政治时局发生了改变，一些叛敌者更加肆无忌惮地为虎作伥，残害抗日人士。面对猖獗的日伪势力，铲锄汉奸日寇，阻止和威慑动摇者已成当务之急。

深入敌人内部的郑苹如，不时地把一份份汉奸的活动情况及住址发往总部，使锄奸行动有了方向和目标。

大大小小的汉奸不断被除掉，使汉奸们整日心惊肉跳、风声鹤唳、惶恐不安，同样也使日军感到迷惑和恐惧，他们的"诱降"与"中国人治中国人"的毒计无法施展。于是，狡猾的侵略者又施出了另一种毒计，就是寻找"中国特工"治"中国特工"，用日本侵略者的特务头子土肥原贤二的话叫作"以毒攻毒"。

1939 年 9 月，汪伪"特务工作机构"成立，地址在极司菲尔路 76 号（今万航渡路），丁默邨和李士群把一些地痞流氓和当时手下的动摇分子等一起组成了一支汉奸队伍，以他们两人为主要负责人，由日本人直接领导，这一特务组织得到了日军方面枪支弹药及经费的大力支持。从此，丁、李特务组织成了日本侵略者与大汉奸汪精卫卖国政权的一个重要组成部分，并开始全面暗杀抗日人士。

1939 年 11 月 23 日，江苏高等法院第二分院刑庭庭长郁华被 76 号特务暗杀。1939 年 12 月，中国职业妇女俱乐部负责人、抗日志士茅丽瑛被 76 号特务杀害。

······

丁默邨的投敌与 76 号疯狂残害抗日志士和抗日群众，使抗日地下组织遭到了重大破坏，引起了民众的极大愤慨，铲除丁贼成了当务之急。郑苹如接到总部命令，要她想尽一切办法铲除丁默邨，以打击日伪猖狂的嚣张气焰。

郑苹如深感责任重大，她心里明白，要想除掉丁默邨必须要了解他的行踪、生活规律与爱好，要做到这一切就必须接近丁默邨。好在郑苹如时常与日本大使馆书记官清水董三、日本近卫首相谈判代表早水亲重、日本华中派遣军副参谋长今井武夫等日本重量级人物出入各种重要场合当司仪、做翻译，郑苹如的美丽风姿早已引起了好色的丁默邨的注意。

5 月末的一天下午，日本驻沪总领事馆举办一场高级别"中日亲善，东亚共荣"联欢会，日本方面除领事馆的官员外，伪政府的重量级人物傅筱庵、张啸林、丁默邨、李士群等受邀出席，郑苹如作为翻译也出现在贵宾席上。

联欢会结束后举行了晚宴，郑苹如被安排在贵宾席包房，正好与丁默邨等日伪头目仕一起。觥筹交错一番之后，丁默邨对如花似玉的郑苹如一下子有了"好感"。

郑苹如佯装成涉世未深的少女，妩媚娇羞，不时恃宠撒娇，引得丁默邨神魂颠倒。

郑苹如和丁默邨很快"坠入了爱河",丁默邨几乎每天要打电话给郑苹如,隔三岔五地约郑苹如跳舞、喝咖啡、吃大餐。

然而,丁默邨每次带郑苹如去的地方都是一些保卫相当严密的娱乐场所,一般人根本无法进入,要行刺他非常难。丁默邨是一只非常警觉、小心、多疑的狐狸,要想除掉他非常困难。

总部不断下达催促命令,要求郑苹如他们务必尽早尽快除掉丁默邨。但要想在公共场所行刺丁默邨已非易事,最后他们决定在郑苹如家门口行刺丁默邨。

8月14日,丁默邨约郑苹如赴会,他们随即安排人员潜伏在郑苹如家附近。

晚上10时左右,天空突然雷声隆隆,狂风四起,紧接着大雨倾盆而下,风雨中一辆黑色的雪铁龙轿车戛然停在了万宜坊弄口,这是丁默邨送郑苹如回家的轿车。

郑苹如打开车门走下车:"外面雨很大,你也没啥事到我家坐坐吧?"

正当丁默邨犹豫不决打算下车时,他忽然从车窗看到有几个黑影在风雨中向车的方向走来,狡猾的丁默邨马上命令司机开车。轿车在风雨中迅速启动,快速离去。埋伏在附近的锄奸人员只能眼睁睁地看着丁默邨的车辆消失在风雨的夜幕中。

除掉丁默邨的行动失败。

1939年12月21日,丁默邨约郑苹如去沪西一个朋友家聚餐,郑苹如马上把消息告诉上峰,上峰决定让郑苹如以要求丁默邨送圣诞礼物为借口,骗丁到静安寺路上的西比利亚皮货行买大衣,从而寻找机会刺杀丁默邨。

那天下午吃完午餐,丁默邨陪着郑苹如来到西比利亚皮货行,然而丁默邨刚进入商店,突然发现有形迹可疑的人,马上转身道:"你自己挑选吧!"他将一叠钱朝郑苹如手里一塞,匆忙奔出商店坐上轿车。

砰、砰、砰……一阵枪响,子弹打在防弹车门上,丁默邨再次逃过一劫。

这一次刺杀丁默邨的行动失败,使郑苹如彻底暴露了身份。

一封催人泪下的绝笔情书

1939 年的平安夜,法租界的万宜坊内充满了节日的气氛,但在一幢西班牙洋房内,只有二楼房间的窗户还亮着灯,这是郑苹如的闺房。自从那次西比利亚皮货行刺杀大汉奸丁默邨的行动失败后,万宜坊这条弄堂一下"热闹"了起来,暗探狗仔们不分白天黑夜时时刻刻监视着郑家的一切。此刻的郑苹如和被软禁没有什么不同,聪明而机智的郑苹如心里已经非常清楚,深知自己的处境到了"绝处"。

夜,越来越深了,郑苹如此刻感到了一种孤独,她深深地思念

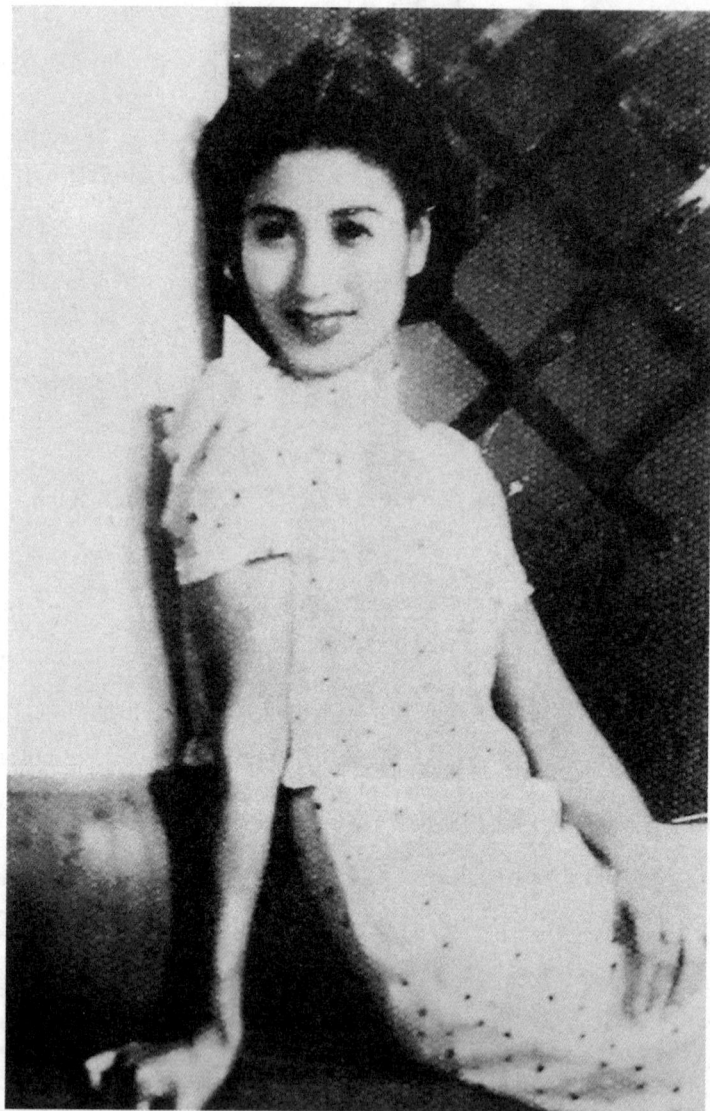

大家闺秀

着自己的心上人王汉勋。为了使命，她不得不牺牲小我而为国家与民族存亡之大义放弃自己的一切，而这一切的一切郑苹如不能告诉任何人，这是绝密啊。郑苹如的眼泪控制不住地流了出来，她走到写字台旁，她要把对王汉勋的爱与思念写在纸上告诉他！

由于年深日久，信件早已遗失。笔者只能根据现有资料的零星记载，做了一些简单整理。信件大意如下：

我最最亲爱的勋：

好久没有写信给你了，但我无时无刻不在想你，此时此刻的我非常非常想你，我多么希望你就在我的身旁，给我温暖、给我力量、给我欢快与幸福……

勋，今天我的心不知道为什么感到非常非常地寒冷，此刻我的心就像是一座冰窖，冻得我全身的血液停止了流动，老天也好像被冰冻得窒息。我冷，我冷……此刻，我多么盼望你来到我身旁，像太阳把冰融化，让我温暖……

勋，我的生命之火在渐渐地变小、变小、变小……此时此刻我多么希望你在我身旁，就像是一把巨大的火炬把我的生命之火重新燃成巨火，你我合二为一，永远燃烧，永不熄灭……

勋，死亡已笼罩在了我的头上，豺狼已把我紧紧地围住，屠刀已架在了我的脖子上，我要走了……

勋，我写这样的信给你，你又会说我太像《红楼梦》中的林黛玉，多愁善感，自寻忧愁与伤感吧，那我就把自己当作林黛玉，让我把

王汉勋

林黛玉思念贾宝玉的那首《题帕诗》送给你，也是我对你思念的一种寄托吧。

眼空蓄泪泪空垂，

暗洒闲抛更向谁？

尺幅鲛绡劳惠赠，

为君那得不伤悲！

勋，无穷无尽是离愁，而生离死别在两个相亲相爱者远隔千山万水之间发生，那是何等的悲伤、凄惨与悲哀啊！孟姜女万里寻夫哭塌长城成了夫妻恩爱传世千代的佳话，而我死后又有谁人知……

勋，我好爱你好想你，你是我心目中的好男人好丈夫，我的心灵是纯洁的，我的身体是干净的，我的心中只有一个心上人，那就是永远的你。

勋，当你看到这封信时，我早已不在人世了，你一定要把我当作你心目中的爱妻，帮我照顾好年迈的父母，清明节时别忘了到我坟前烧支香。拜托！

永远爱你的苹绝笔

郑苹如含着热泪写完了她生命中最后一封重要的信，随后她擦干了双眼，揉了揉头发，走到窗前打开窗户，一阵冷风从窗外扑面而来，把她的长发吹了起来，而郑苹如并未感到一丝的寒意，她抬头看着窗外，只见五六个挎着手枪的狗仔一下都把目光盯在了窗口，有的还对郑苹如做怪脸，有的眼露凶光拍拍腰间的枪。

第九章　倒在汉奸枪口下的美女

大家闺秀

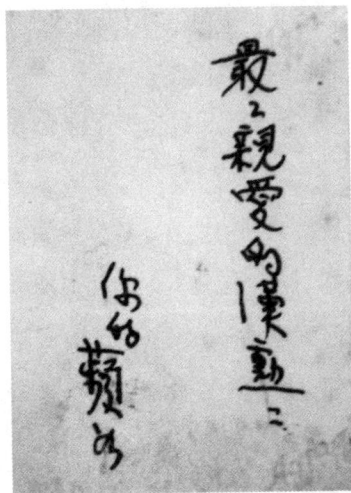

郑苹如留下的真迹　　　　　　　郑苹如未婚夫王汉勋留下的真迹

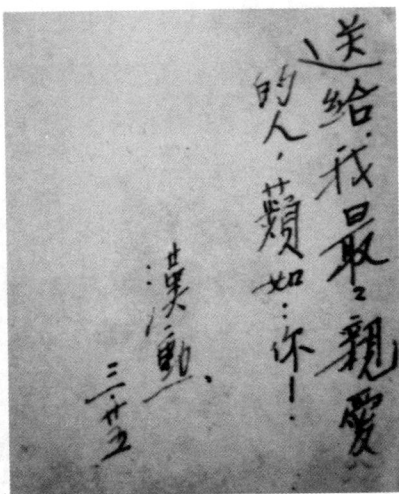

郑苹如只是轻蔑地看了这些人一眼，然后走到床头柜前打开抽屉取出了一把勃朗宁手枪看了看，咬了咬牙，挥了挥枪，她要去完成最后的绝密任务——刺杀丁默邨。

未能得手的最后绝杀

1939年12月25日圣诞节，郑苹如在房内精心打扮着自己。今天，郑苹如要把自己打扮得最美丽、最迷人，因为她晚上要赴丁默邨的

"约会"，要单枪匹马执行绝密任务——刺杀丁默邨，这次行动对郑苹如来说无论成功与失败，都是最后的一次机会。

下午5点，丁默邨的车子如约而至。而车上已经安排了两个76号的女特务来控制郑苹如。

一行人到了舞厅，虽然这是他们经常光顾的地方，但郑苹如敏锐地感觉到了气氛的凝重。丁默邨虽然与她一起跳舞，但明显能看出其戒备的神态。一曲舞毕，郑苹如回到座位假装要补妆，打开包后发现自己包内隔层的拉链被动过，知道已被坐在身边的女郎检查过了。郑苹如还想在后面的跳舞中趁机杀掉丁默邨，但老奸巨猾的丁始终全神戒备，郑苹如最终未能得手。

郑苹如回到座位，依旧同丁默邨说笑着，但此刻她的内心却是非常不安，深知要在今天这种场合除掉汉奸丁默邨绝非易事，几乎没有可能性。为了不留下物证，郑苹如又以上厕所为"掩护"，迅速将手枪从厕所的窗口朝外扔掉。

郑苹如从厕所回到座位没多久，只见76号伪特工总部第三行动大队队长、丁默邨的心腹手下林之江急匆匆走进舞厅对着丁默邨耳语了一番，丁默邨的表情非常吃惊——郑苹如扔掉的勃朗宁手枪被发现了。郑苹如被林之江从舞厅绑至沪西忆定盘路37号即和平军第四路军司令部。

郑苹如面临着残酷的、灭绝人性的审讯。但她表现得既坚强又灵活，始终只承认那次暗杀"是因为丁欺骗了她感情而找人报复

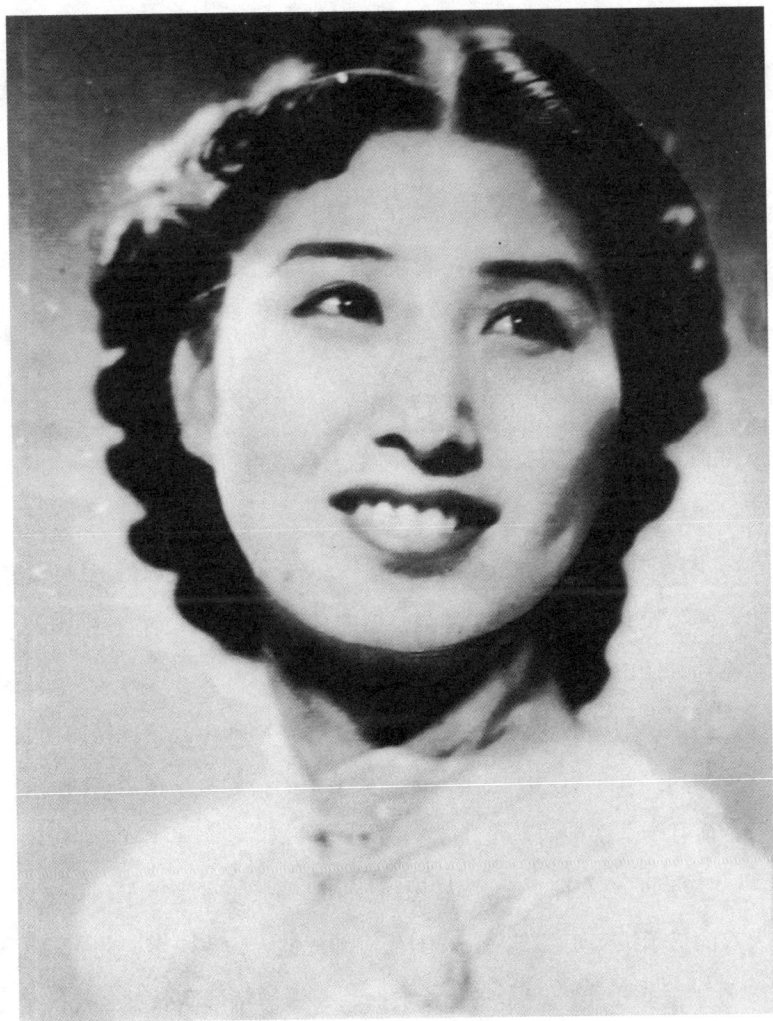

他",原因纯粹是"争风吃醋"。她始终否认此事与中统有关,也不承认自己是中统特工,更没有供出任何一名中统同事。

10天后,郑苹如又被送入了76号的囚室,这是上海人都知道的杀人魔窟,凡进了76号的人,没有一个是活着出来的。死亡,就在郑苹如的眼前了。

她被特务押至野外杀害

1940年2月,正值"四九"节气,中国人流传着这样两句话:三九四九,冻死老牛。这一天上海的天气显得特别冷,西北风呼呼直刮得天昏地暗,整个城市都星月无光。

午夜时分,在上海沪西中山路附近郊外的一处荒凉刑场的泥路上,突然驶来了一辆囚车,两道强烈的灯柱在黑夜中显得特别刺眼,嗡嗡的马达声像撕人心肺的悲鸣。

囚车在刑场的一座小土坡前停了下来,随即十几个持枪的便衣特务匆匆打开车后门跳下车,如临大敌似的揣起枪站在后车门的两旁,而且个个都神情紧张。

"快点把犯人押下来。"只见一个从副驾驶室里走下车,身穿皮大衣的男子快步走到车后门,对着车厢里的人大声喊着。此人就是76号丁默邨手下的一个贪色、贪财、歹毒的特务队长林之江,他在76号是出了名的凶狠、歹毒,凡经过他审训的抗日志士没有一个不被他折磨得求生不能、求死不得，人称"五步蛇"。

两个便衣特务把一个披着长发、身姿婀娜、两手前铐的女子押下了车，她就是郑苹如。

"把她押到前面来。"林之江恶狠狠地大声叫嚷着，手指着小土坡，"快点！"

郑苹如被两个特务押到了小土坡前，借着车灯，只见她脸色苍白，脸部下侧靠嘴巴旁留着两道深深的红印，这是被打的痕迹，一双丹凤眼显得有些倦意，眼角处有些红肿和皮外伤。郑苹如身着金红色的羊毛内衣，外披红色的皮大衣，一头瀑布般的长发，胸口挂一根嵌有照片的鸡心型吊坠的黄金项链，手戴一枚钻戒，她的美即将定格在今天。

"郑苹如，你听着"林之江走到郑苹如跟前看着她，"我给你5分钟的时间考虑，你还有什么话要对我说的？"

郑苹如非常平静地站着，脸部上仰，双眼定定地看着天空，眼角处滚出了几颗泪滴，内心思绪万千：她不是因为自己将要死亡而流泪，而是舍不得离开自己年迈的父母、兄弟姐妹、朋友和恋人；她渴望甜蜜的爱情和幸福的生活；她盼望着抗日的早日胜利，能和心上人步入婚姻殿堂……然而，这一切的一切将要永远、永远地离她而去……

"还有最后1分钟，你有什么话要说的吗？"林之江又看了看表后对郑苹如说。

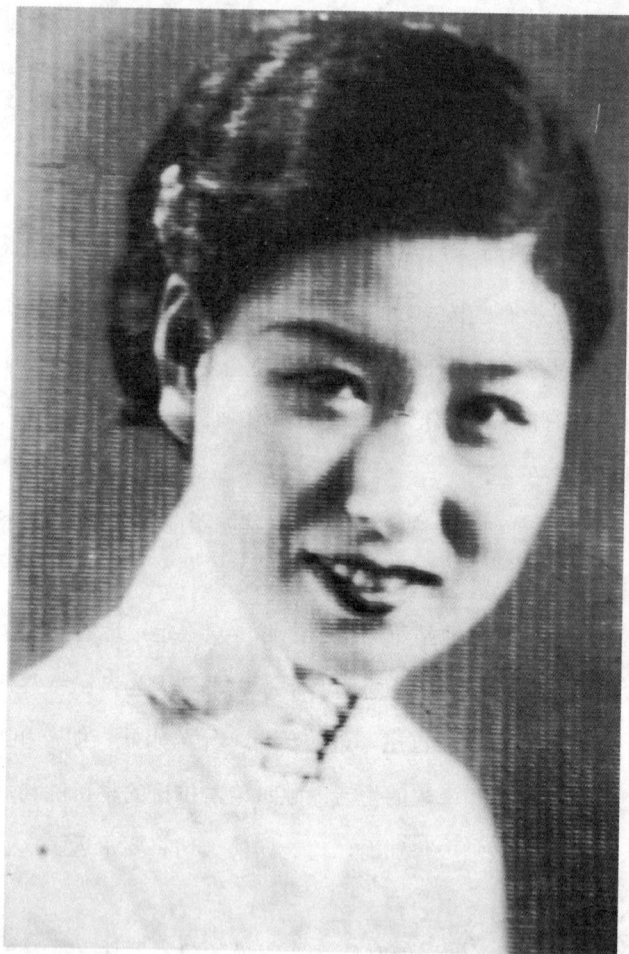

大家闺秀

郑苹如侧过脸，双眼怒视着林之江道："我要问你们一句话，你们还算是中国人吗？！投靠日本人，杀害国人，充当汉奸，这样活着太可悲了！"

"死到临头还嘴硬，真是一个怪女人。"林之江摇了摇头，大有一种对郑苹如无法理解的样子。

刚刚还北风呼呼响，就在郑苹如说话那一刻起，风戛然停了，郑苹如用手拂了拂吹在脸上的头发，随后整理衣服，挺拔身姿，那姿态、那神情像要回归仙界……

"真漂亮……"

"真漂亮……"

"唉……唉……"

那些站在一边的特务见郑苹如这样青春美貌而去赴死，都不由自主地在相互窃窃私语，个个都流露出一种惋惜的神态。

"时间到！"林之江大声道，随后朝站成一排的特务挥了挥手"准备……"

林之江看到他的那些弟兄们已把枪抬起对准了郑苹如，"射击！"

话音落，却枪声未响，令人匪夷所思的是，十几个特务揣着枪一个个都愣着，竟然都不忍心开枪。

"他妈的混蛋，一个女人就把你们迷得神魂颠倒了，真他妈的没有出息。"林之江说完从腰间摸出手枪对准郑苹如叩动扳机。

大家闺秀

"砰——"

"砰——"

"砰——"

枪声划破了死寂夜空，震荡苍穹，如恐怖的悲鸣，在撕裂人的心肺。

郑苹如倒在了血泊中，一个美丽的女子在恐怖、寒冷之夜就此香消玉殒，她永远、永远地走了……

斯人已逝 空余浩叹

农历大年初一上午，万宜坊88号小楼里不时传出一阵阵低沉而又凄切的哭声，这是郑苹如母亲得知二女儿被76号魔窟杀害后的悲痛哭泣，这对一个含辛茹苦把孩子养大的母亲来说是一种撕裂心肺的疼痛，这是一辈子都无法抹去的伤痛啊。

郑苹如为杀汉奸丁默邨而被76号特务杀害的消息很快在万宜坊传开，弄内的左邻右舍无不感到心痛与惋惜，为之前对郑苹如的误解深感愧疚，很多人都为她暗暗流泪。

但是，更让人伤心的是，76号特务队长林之江在郑苹如母亲讨要女儿尸体时，竟向其开口索要300块大洋，这真是丧心病狂、丧尽天良的讹诈。已是入不敷出的郑家哪里还有什么大洋可用。就这样，郑苹如的尸首不知被76号的魔鬼们抛在了什么地方。

194

郑苹如与母亲

郑苹如和弟弟们

　　郑苹如英雄牺牲的消息传到远隔千山万水的重庆后，郑苹如大弟郑海澄，这位空军飞行大队大队长哭了，发誓要为姐姐报仇。一直把郑苹如当自己女儿并视如掌上明珠的陈果夫和陈立夫非常痛心，都在家里置摆了灵位，为这样好的"闺女"祭奠。

　　然而，对她的死最伤心的人就是她的未婚夫王汉勋，他时时刻刻都想着她、牵挂着她，时刻担忧着她的一切，他一直希望着能和她相亲相爱、白头偕老。当王汉勋得知朝思暮想的心上人竟然已永远离他而去时，特别是他在得到郑苹如被76号杀害消息的同一天

郑苹如与两个弟弟在家门口合影

大家闺秀

又收到郑苹如两个月前写给他的最后一封诀别信时，他的悲痛和伤心到了极点。

王汉勋是一个非常坚强和稳重的硬汉子，他曾在武汉与日本飞机作战中打下 2 架日本飞机，自己在飞机被击中起火后跳伞，在空中又被日本飞机打伤右腿，在极其疼痛的情况下，却没有叫一声、流一滴泪。而郑苹如的离他而去，这对他的打击太大了。王汉勋的精神崩溃了，他终于病倒了。

王汉勋病愈后，人变得沉默寡言，但对每次的飞行训练却是刻苦认真：直冲、曲飞、翻转、俯冲。他要练好本领，要把日本侵略者消灭掉，要为心上人报仇、报仇。

王汉勋曾在一篇日记里这样写道：

苹如：

你被敌人杀害，我就要为你报仇，这一辈子我只爱你一人，我一定会为你报仇！我希望有一天我们会在天堂共度好时光……

1944 年 8 月 7 日，王汉勋在广西桂林执行军事任务时，壮烈牺牲。

不久，郑苹如大弟弟郑海澄也在与日本敌机的空战中壮烈牺牲。

惨烈、悲壮、无畏，奏响了一曲伟大的民族英雄赞歌，也谱写了一首英雄人物可歌可泣的壮丽诗篇。

第九章 倒在汉奸枪口下的美女

她的英灵获得了安慰

1945 年 8 月 15 日，这是对整个饱受日寇侵略的苦难深重的中华民族来说，一个永世难忘的日子。这一天，日本裕仁天皇向全日本广播，接受波茨坦公告，向全世界宣布日本无条件投降，这是中国人民与世界人民的伟大胜利。

天网恢恢、疏而不漏，陈公博、周佛海、招桂章、丁默邨等大大小小沾满国人鲜血的汉奸一一被逮捕，纷纷得到了惩罚。

1947 年 2 月 8 日，南京高等法院判处在押汉奸丁默邨死刑。他的身上血案累累，除了杀害中统特工郑苹如，还杀害了郁达夫的胞兄郁华。郁华当时的身份是国民政府设在上海租界内的江苏高等法院第二刑庭庭长，因不与汪伪特务机构 76 号合作而被杀害，成为抗战以来上海租界内第一个遭 76 号杀害的中国高级司法人员。

1947 年 7 月 5 日，死有余辜的丁默邨被正义的子弹结束了罪恶的一生。

郑苹如的英灵终于得到了安慰。

2009 年 6 月 6 日，一尊郑苹如的青铜像在上海福寿园揭幕，把中国抗战史上这位女英雄的真实形象永久留存……